Inhalt

1. Kapitel Erzählt von Olivers Geburtsstätte und den Umständen seiner Geburt 9

2. Kapitel Handelt von Olivers Heranwachsen, Erziehung und Pflege 12

3. Kapitel Wie Oliver beinahe eine Anstellung bekommt, die keineswegs ein Ruheposten gewesen wäre 22

4. Kapitel Wie Oliver eine andere Stelle angeboten wird und er zum ersten Mal ins öffentliche Leben tritt 28

5. Kapitel Oliver wohnt erstmals einem Begräbnis bei und gewinnt eine ungünstige Meinung vom Geschäft seines Lehrherrn 32

6. Kapitel Oliver lässt sich durch Noahs Sticheleien provozieren und wird tätlich, worüber dieser einigermaßen erstaunt ist 40

7. Kapitel Oliver geht nach London und trifft unterwegs einen merkwürdigen jungen Gentleman 48

8. Kapitel Enthält weitere Einzelheiten über den liebenswürdigen alten Gentleman und seine hoffnungsvollen Zöglinge 53

9. Kapitel Oliver wird mit dem Charakter seiner neuen Gefährten besser vertraut, wofür er aber teuer bezahlt 58

10. Kapitel Handelt vom Polizeidirektor Mr Fang und gibt eine kleine Kostprobe seiner Amtsführung 62

11. Kapitel Oliver erfährt eine bessere Pflege als je zuvor und es ist die Rede von einem besonderen Gemälde 68

12. Kapitel Widmet sich erneut dem liebenswürdigen alten Gentleman und seinen Zöglingen 72

13. Kapitel Handelt von der merkwürdigen Prophezeiung eines gewissen Mr Grimwig über Olivers Botengang . . 76

14. Kapitel Zeigt die liebevolle Zuneigung von Miss Nancy und dem alten Fagin gegenüber Oliver 84

15. Kapitel Erzählt von Olivers Werdegang, nachdem ihn Nancy unter ihre Fittiche genommen hat 88

16. Kapitel Olivers Schicksal bleibt ungünstig und führt einen Mann nach London, der seinem Ruf schadet 96

17. Kapitel Worin ein höchst bemerkenswerter Plan erörtert und beschlossen wird 100

18. Kapitel Worin Oliver an Mr Sikes übergeben wird 106

19. Kapitel Der nächtliche Einbruch 112

20. Kapitel Beinhaltet das Wesentliche einer romantischen Unterhaltung zwischen Mr Bumble und einer Dame 118

21. Kapitel Die kurze Geschichte eines armseligen Geschöpfs, die sich aber für die Handlung als wichtig erweisen wird 127

22. Kapitel Handelt abermals vom alten Fagin und seinen Kumpanen 131

23. Kapitel Macht die Unhöflichkeit eines früheren Kapitels wieder gut, das eine Dame rücksichtslos im Stich gelassen hatte ... 136

24. Kapitel Kümmert sich erneut um Oliver und fährt mit seinen Abenteuern fort .. 139

25. Kapitel Was Olivers Besuch über ihn dachte 144

26. Kapitel Worin das Glück Olivers und seiner Freunde getrübt wird 151

27. Kapitel Über einen jungen Herrn, der nun den Schauplatz betritt, und über ein neues Abenteuer von Oliver 155

28. Kapitel Worin der Leser einen Gegensatz bemerken mag, der zwischen Eheleuten nicht ungewöhnlich ist 166

29. Kapitel Ein Bericht über das nächtliche Treffen von Mr und Mrs Bumble mit Mr Monks 175

30. Kapitel Wie Fagin und Monks ihre werten Köpfe zusammenstecken und Nancy einen Ausflug macht 183

31. Kapitel Eine seltsame Unterredung, die eine Folge des vorigen Kapitels ist 191

32. Kapitel Neuerliche Enthüllungen, die zeigen, dass Überraschungen, genau wie Unglücksfälle, selten allein kommen ... 196

33. Kapitel Die Zeit kommt, da Nancy ihr Versprechen an Rose Maylie einlösen soll 203

34. Kapitel Fatale Folgen 211

35. Kapitel Sikes' Flucht 216

36. Kapitel Monks und Mr Brownlow treffen endlich zusammen – ihre Unterredung und die Nachricht, die sie unterbricht 221

37. Kapitel Die Verfolgung und das Entkommen . . 228

38. Kapitel Klärt mehr als ein Geheimnis auf und enthält einen Heiratsantrag, ohne dass von Mitgift die Rede ist 235

39. Kapitel Fagins letzte Nacht auf Erden 245

40. Kapitel … das letzte 250

1. Kapitel

Erzählt von Olivers Geburtsstätte und den Umständen seiner Geburt

Zu den öffentlichen Einrichtungen jener Stadt, in der diese Geschichte beginnt, gehört auch ein Armenhaus. In diesem wurde eines Tages der kleine Weltbürger geboren, dessen Namen dieses Buch trägt: Oliver Twist.

Kurz nach der Geburt des kleinen Jungen schien es zunächst unsicher, ob er lange genug überleben würde, um überhaupt einen Namen nötig zu haben. Nun ist ein Kind, das in einem Armenhaus geboren wird, sicher nicht zu beneiden. Und doch war es in diesem Fall das Beste, was dem Kleinen passieren konnte. Wäre Oliver von besorgten Großmüttern, ängstlichen Tanten, erfahrenen Ammen und Ärzten umgeben gewesen, so hätte er bestimmt nicht eine Stunde überstanden. Doch es war nur eine alte Frau bei ihm, die von einigen Gläsern Bier schon ziemlich benebelt war, und der Armenarzt, der die Angelegenheit mit der gleichen Nachlässigkeit behandelte, wie er sie sonst auch im Armenhaus an den Tag legte. Also focht Oliver seinen Kampf auf eigene Faust aus. Und nach kurzem Ringen atmete er endlich. Nun wussten die Bewohner des Armenhauses, dass er am Leben bleiben würde und so der Gemeinde eine neue Last aufgebürdet hatte. Damit dies auch allen klar wurde, erhob er ein lautes Geschrei.

Als Oliver diesen Beweis seiner Lungentätigkeit ablegte, bewegte sich eine Flickendecke auf dem schmalen, eisernen Bett, das in der Ecke des Raumes stand. Eine junge Frau hob ihr bleiches Gesicht von dem harten Kissen und hauchte mit schwacher Stimme: „Lassen Sie mich das Kind sehen, dann will ich gern sterben." Bei diesen Worten streckte sie mit einer matten Bewegung ihre Arme nach dem Kind aus. Der Arzt reichte es ihr und sie presste ihre kalten, blutleeren Lippen heftig auf die Stirn des Kindes. Dann fuhr sie sich mit der Hand über das Gesicht, schauderte noch einmal und sank zurück. Der Arzt und die alte Armenhäuslerin rieben ihr Brust, Hände und Schläfen und sprachen auf sie ein, sie solle doch Hoffnung und Zuversicht haben. Aber die waren der Armen seit Langem fremd geworden. Noch ein letztes Mal bäumte sie sich auf, dann hatte ihr Herz für immer zu schlagen aufgehört.

„Es ist vorbei mit ihr, Mrs Thingummy", stellte der Arzt lapidar fest.

„Ja, ja, die Arme", antwortete die Alte und griff nach der grünen Flasche, aus der sie sich heimlich immer wieder gestärkt hatte.

„Sie brauchen nicht nach mir zu schicken, wenn das Kind schreien sollte", sagte der Arzt und zog sich die Handschuhe an. „Wenn es unruhig wird, geben Sie ihm etwas Haferschleim." Damit setzte er seinen Hut auf und fragte, als er auf seinem Weg zur Tür an dem Bett vorbeikam: „Die Mutter war eine recht hübsche Person, wo war sie denn her?"

„Man hat sie gestern Nacht auf Befehl des Armenpflegers gebracht", antwortete die Alte. „Anscheinend hat man sie in der Gasse gefunden. Sie muss einen ziemlich weiten Weg zurückgelegt haben, denn ihre Schuhe waren zerrissen und durchgelaufen. Aber wo sie genau hergekommen ist oder wohin sie wollte, das weiß niemand."

Der Arzt beugte sich über die Tote und ergriff ihre Hand. „Die alte Geschichte", murmelte er kopfschüttelnd, „kein Ehering, wie ich sehe. Also gute Nacht."

Damit ging er zu seinem Abendessen und die Wärterin setzte sich, nachdem sie noch einmal einen Schluck aus ihrer grünen Flasche genommen hatte, auf einen Stuhl in der Nähe des Kamins und begann das Kind in Windeln zu wickeln.

Da sah man wieder, wie wahr das Sprichwort ist, dass Kleider Leute machen: Bisher hätte Oliver ebenso gut das Kind eines Adeligen wie das eines Bettlers sein können. Aber jetzt, in den zerschlissenen Windeln und den alten, vergilbten Kissen, sah man ihm sofort das Waisenkind aus dem Armenhaus an, das nur dazu da war, durch die Welt gestoßen und verspottet zu werden, verachtet von jedermann und von niemand bemitleidet. Oliver schrie aus vollem Halse. Hätte er gewusst, dass er ein Waisenjunge und der Barmherzigkeit von Kirchenvorstehern ausgeliefert war, hätte er wahrscheinlich noch viel lauter geschrien.

2. Kapitel

Handelt von Olivers Heranwachsen, Erziehung und Pflege

Die nächsten acht bis zehn Monate war Oliver das Opfer eines wohlbedachten Verrates und Betrugs. Er wurde mit der Flasche aufgezogen, nachdem sich keine Amme für ihn finden ließ. Die Verwaltung des Armenhauses beschloss, Oliver in ein etwa drei Meilen entferntes Waisenhaus zu bringen. Rund zwanzig Kinder krabbelten hier auf dem Stubenboden umher. Allzu viel zu essen oder gar warme Kleidung bekamen sie nicht. Denn die Dame, deren mütterlicher Aufsicht sie anvertraut waren, erhielt zwar wöchentlich achteinhalb Pence pro Kind. Doch mit achteinhalb Pence pro Woche lässt sich nicht viel anfangen. Außerdem war die würdige Hausdame eine kluge und erfahrene Frau und wusste nur zu gut, wie leicht sich Kinder überfressen können und was ihnen zuträglich ist. Vor allem aber wusste sie auch, was ihr selbst zuträglich war. Sie verwendete daher den größeren Teil des Kostgeldes zu ihrem eigenen Wohl statt zu dem der Kinder. Auf diese Weise kürzte sie die von der Gemeinde gebilligten knappen Rationen noch einmal beträchtlich und nicht wenige Kinder erfroren oder verhungerten.

Nur selten gab es seitens des Waisenhausvorstands genauere Nachforschungen. Und noch seltener mischte sich ein Gericht mit lästigen Fragen ein. Wenn es aber dazu kam, so stellten sich der für die Armenhäuser zuständige Arzt und der Gemeindediener schützend vor die bewundernswerte Waisenhausleiterin. Jedes Mal hatte der Arzt dann die Leichen geöffnet und begreiflicherweise nichts darin gefunden. Und der Gemeindediener sagte unter Eid alles aus, was die Behörden wollten. Wenn es dem für die öffentlichen Armen- und Waisenhäuser zuständigen Vorstandskollegium einmal in den Sinn kam, die Einrichtungen zu besuchen, so versäumten die Herren nie, am Tag zuvor den Gemeindediener dorthin zu senden, um die Ankunft anzukündigen. Und jedes Mal schien dann auch, wenn sie eintrafen, alles in bester Ordnung zu sein. Was konnte man mehr verlangen?

So wuchs Oliver auf und angesichts der Pflege, die ihm zuteilwurde, ist es nicht verwunderlich, dass er blass und schmächtig blieb.

Es war an Olivers neuntem Geburtstag. Er verbrachte diesen Tag zusammen mit zwei anderen Jungen im Kohlenkeller. Dort hatte Mrs Mann, die bewundernswerte Waisenhausleiterin, die drei eingesperrt, damit sie sich von den Prügeln erholen konnten, die sie bekommen hatten. Oliver und seine Gefährten waren nämlich so dreist gewesen, Hunger zu haben, wofür sie natürlich bestraft werden mussten.

Während Oliver und die beiden anderen Missetäter also im Keller saßen, erschien an der Tür des Waisenhauses zu Mrs Manns großer Freude der Gemeindediener, Mr Bumble. Dieser war ein stattlicher Herr, der von seiner eigenen Wichtigkeit sehr überzeugt war.

Unterwürfig und aufgeregt führte Mrs Mann den bedeutenden Gast in ihr Wohnzimmer und bat ihn, in einem bequemen Sessel Platz zu nehmen. Mr Bumble wischte sich den Schweiß von der Stirn und blickte wohlgefällig auf seinen Dreispitz und seinen Stock auf dem Tisch, die

Mrs Mann ihm abgenommen und dorthin gelegt hatte. Er lächelte. Wirklich und wahrhaftig, er lächelte! Aber Gemeindediener sind eben auch nur Menschen.

„Sie haben einen weiten Weg hinter sich, Mr Bumble", begann Mrs Mann mit gewinnender Liebenswürdigkeit. „Wollen Sie nicht ein Gläschen trinken?"

„Nicht einen Tropfen, nicht einen Tropfen", wehrte Mr Bumble ab und schwenkte seine Rechte in würdevoller, aber freundlicher Weise.

„Ach, tun Sie mir doch den Gefallen", beharrte Mrs Mann auf ihrer Bitte. Sie hatte nämlich genau gespürt, was der Tonfall, in dem Mr Bumble seine Weigerung ausgesprochen hatte, und die Gebärde, die er dazu gemacht hatte, eigentlich bedeuten sollten.

Mr Bumble hüstelte.

„Nur ein ganz kleines Gläschen", drängte Mrs Mann.

„Was ist es denn?", fragte der Gemeindediener.

„Ach Gott, ich muss ja immer ein wenig davon als Medizin hier haben, damit ich den lieben Kindern eine kleine Herzstärkung geben kann, wenn ihnen nicht gut ist." Mit diesen Worten öffnete Mrs Mann ein Schränkchen und holte eine Flasche und ein Glas hervor. „Es ist nur Wacholder, Mr Bumble."

„Geben Sie denn den Kindern etwa Schnaps, Mrs Mann?", fragte der Gemeindediener interessiert.

„Ich bin halt so gutherzig, wenn es auch noch so teuer sein mag", versetzte die Waisenhausleiterin. „Sie wissen doch, dass ich die armen Kleinen nicht leiden sehen könnte."

„Ja, ja", sagte Mr Bumble zustimmend, „das weiß ich natürlich. Sie sind überhaupt eine sehr menschenfreundliche Frau. Ich werde das bei nächstbester Gelegenheit den Vorständen gegenüber zur Sprache bringen."

Während er das sagte, zog er das Glas, das Mrs Mann vor ihn hingestellt hatte, näher zu sich. „Sie fühlen wie eine Mutter", fuhr er fort und ergriff das Glas. „Darum trinke ich hiermit auf Ihre Gesundheit, Mrs Mann."

Er goss den Inhalt des Glases zur Hälfte hinunter. „So, und jetzt wollen wir vom Geschäftlichen reden", sagte er und zog ein ledernes Buch aus der Tasche. „Der Knabe, der in der Waisentaufe den Namen Oliver Twist bekommen hat, wird heute neun Jahre alt."

„Gottes Segen über ihn", warf Mrs Mann ein und tupfte sich mit dem Schürzenzipfel eine Träne der Rührung aus dem Augenwinkel.

„Trotz der ausgeschriebenen Belohnung von zehn Pfund, später sogar von zwanzig Pfund, und trotz der geradezu übernatürlichen Anstrengungen des Gemeinderats", fuhr Mr Bumble fort, „ist es uns nicht gelungen, seinen Vater zu finden oder in Erfahrung zu bringen, wie seine Mutter hieß und woher sie kam."

Mrs Mann dachte einen Augenblick nach und fragte dann: „Und wie kommt es, dass er überhaupt einen Namen hat?"

Der Gemeindediener nahm die dafür gebührende Haltung an und antwortete stolz: „Den hab ich erfunden."

„Sie, Mr Bumble?"

„Jawohl, ich, Mrs Mann. Wir benennen unsere Zöglinge immer nach dem Alphabet. Davor waren wir bei S – Swubble habe ich dieses Waisenkind genannt. Danach war das T dran – Twist. So gehe ich das Alphabet durch. Und wenn ich bei Z angekommen bin, fange ich beim A wieder an."

„Sie sind ja ein richtiger Dichter“, sagte Mrs Mann.

„Nun ja, mag sein“, gab der Gemeindediener zu, der sich durch dieses Kompliment sichtlich geschmeichelt fühlte. Er trank sein Glas aus und setzte hinzu: „Oliver ist schon viel zu alt für dieses Waisenhaus. Deshalb hat die Behörde beschlossen, ihn wieder zurück ins Armenhaus zu nehmen. Ich bin selber hergekommen, um ihn abzuholen. Wo steckt er?“

„Ich werde ihn sogleich holen“, sagte Mrs Mann und ging zur Tür.

Wenig später erschien sie wieder mit Oliver, der inzwischen gewaschen, gebürstet und umgezogen worden war.

„Mach einen Diener vor dem Herrn, Oliver“, sagte sie.

Oliver machte gehorsam eine Verbeugung, die zur Hälfte dem Gemeindediener und zur andern Hälfte dem Dreispitz und dem Spazierstock auf dem Tisch galt.

„Willst du mit mir mitkommen, Oliver?“, fragte Mr Bumble feierlich.

Oliver wollte schon freudig antworten, dass er nur zu gerne von hier fortgehen würde – mit wem auch immer. Doch dann sah er Mrs Mann, die ihm hinter dem Rücken des Gemeindedieners mit der Faust drohte. Oliver wusste nur zu gut, was das bedeutete, und fragte darum schüchtern: „Kommt sie auch mit?“

„Nein, sie kann nicht mitkommen“, sagte Mr Bumble, „aber sie wird dich schon zuweilen besuchen dürfen.“

Das war gewiss kein besonderer Trost für Oliver, aber er war klug genug, so zu tun, als verließe er das Haus nur ungern. Das fiel ihm nicht schwer, denn ihm waren die Tränen infolge des Hungers und der Prügel, die er kurz zuvor bekommen hatte, ohnehin näher als das Lachen.

Mrs Mann umarmte ihn mehrmals und gab ihm, was er am meisten brauchte, ein großes Stück Butterbrot, damit er im Armenhaus nicht allzu hungrig ankäme. Damit war die Sache abgemacht. Oliver verließ an der Seite Mr Bumbles das fürchterliche Heim, in dem er seine Kindheit verbracht hatte. Und obwohl er hier niemals Liebe und Geborgenheit erfahren hatte, stiegen ihm doch die Tränen in die Augen, als sich das Gartentor hinter ihm schloss.

Als sie im Armenhaus angekommen waren, übergab Mr Bumble seinen Zögling einer alten Frau und verschwand. Es dauerte kaum eine Viertelstunde, bis er zurückkam und Oliver mitteilte, er habe sofort vor den Vorständen zu erscheinen. Oliver wusste nicht recht, was ein Vorstand sein sollte, und zögerte verwirrt. Doch ihm blieb keine Zeit, länger darüber nachzudenken. Mr Bumble versetzte ihm, um seine Geisteskräfte zu wecken, mit seinem Stock einen Schlag auf den Kopf und danach, um ihn zur Eile anzuspornen, einen zweiten auf den Rücken. Dann führte er den Jungen in ein großes Zimmer, in dem acht oder zehn wohlbeleibte Herren um einen Tisch herumsaßen. In einem Sessel mit Armlehnen, der etwas höher war als die übrigen, saß ein ganz besonders stattlicher Herr mit einem kugelrunden roten Kopf.

„Mach für die Herren Vorstände eine Verbeugung", befahl Mr Bumble.

Oliver wischte sich die Tränen aus den Augen und gehorchte.

„Wie heißt du, Junge?", fragte einer der Herren.

Oliver zitterte am ganzen Leib, denn der Anblick der vielen Herren brachte ihn gänzlich aus der Fassung. Da er nicht gleich antwortete, half Mr Bumble durch einen kräftigen Hieb mit seinem Stock nach. Der verängstigte Oliver fing an zu weinen und nannte mit leiser Stimme seinen Namen. Einer der Herren, der eine weiße Weste trug, rief daraufhin ungeduldig, Oliver wäre ein dummer Junge, was fürwahr ein treffendes Mittel war, ihm Mut einzuflößen.

„Junge", begann der Herr in dem hohen Sessel abermals, „höre jetzt, was ich dir zu sagen habe. Du weißt doch, dass du ein Waisenkind bist?"

„Ja", antwortete Oliver unter Tränen.

„Warum heulst du?", fragte der Herr mit der weißen Weste, denn es war schließlich höchst ungewöhnlich, dass Oliver weinte. Welchen Grund konnte er nur haben?

„Man hat dich hierher gerufen", fuhr der Herr in dem hohen Sessel fort, „damit du erzogen wirst und ein nützliches Handwerk erlernst."

„Du wirst also morgen früh um sechs Uhr anfangen, Werg zu zupfen", setzte der mürrische Gentleman mit der weißen Weste hinzu.

Zum Dank für die Ankündigung dieser beiden Wohltaten machte Oliver unter Nachhilfe des Gemeindedieners einen tiefen Diener vor den Herren Vorständen und wurde dann in einen großen Saal gebracht, wo er sich in einem harten Bett unter einer rauen Decke in den Schlaf weinen durfte.

Die Vorstandsmitglieder waren äußerst kluge Herren. Kaum hatten sie ihre Sitzung begonnen und sich ein wenig mit dem Armenhaus und allem, was damit zusammenhing, beschäftigt, so fanden sie auch schon heraus, dass es den Armen in dieser Einrichtung ganz unverdient gut gehe. Es schien ihnen, als wäre das Armenhaus nichts als ein öffentliches Vergnügungslokal für die ärmeren Klassen, eine Wirtschaft, in der man nichts zu bezahlen brauchte, ein Ort, an dem man auf Kosten der Gemeinde Frühstück, Mittagessen, Tee und Abendbrot bekommen konnte. Dieses Armenhaus, so fanden die Herren, war ein Paradies, in dem nur gescherzt und gespielt, aber eben nicht gearbeitet wurde. Um hier endlich Ordnung zu schaffen, beschlossen sie, dass alle armen Leute die Wahl haben sollten, ob sie lieber nach und nach im Armenhaus oder rascher außerhalb des Hauses verhungern wollten. Ab sofort wurden die Essensrationen reduziert: Es gab nun dreimal täglich eine Portion Haferschleim und sonntags eine halbe Semmel.

Der Raum, in dem die Jungen ihr Essen bekamen, war eine Art Küche, und der Koch, von ein paar Frauenzimmern unterstützt, teilte ihnen aus einem Kupferkessel ihren Haferschleim zu – bei jeder Mahlzeit einen Napf voll und nicht mehr. Die Näpfe auszuwaschen war überflüssig, da die Jungen mit ihren Löffeln ohnehin so lange darin herumkratzten, bis alles wieder glänzend war. Und wenn sie mit ihrer Tätigkeit fertig waren, was nie allzu lange dauerte, saßen sie da und starrten mit so gierigen Augen auf den Kupferkessel, als ob sie am liebsten sogar die Ziegelsteine, aus denen der Herd gebaut war, verschlungen hätten.

Drei Monate lang hatten Oliver und seine Kameraden die Qualen des drohenden Hungertodes durchgemacht und waren kaum mehr imstande, diesen Zustand länger zu ertragen. So beratschlagten sie untereinander und es wurde gelost, wer von ihnen nach dem Abendessen zum

Koch gehen und noch um einen Napf bitten solle. Das Los fiel auf Oliver.

Der Abend kam und die Jungen nahmen ihre Plätze ein. Der Koch stellte sich in seiner weißen Schürze an den Kessel, der Haferbrei wurde ausgeteilt und ein langes Tischgebet gesprochen. Als die Mahlzeit vorüber war, flüsterten die Jungen untereinander. Sie gaben Oliver Zeichen und stießen ihn mit den Ellbogen an. Also stand er auf, trat mit Napf und Löffel vor den Koch hin und sagte mit be-

bender Stimme: „Ich bitte um Verzeihung, Sir, ich möchte noch um ein wenig bitten."

Der Koch, ein feister rotbackiger Mann, wurde blass wie der Kalk an der Wand. In maßlosem Staunen starrte er einige Sekunden den kleinen Rebellen sprachlos an.

„Was?", fragte er endlich mit schwacher Stimme.

„Bitte, Sir", wiederholte Oliver, „ich möchte noch etwas haben."

Der Koch gab ihm eins mit dem Löffel über den Kopf, fasste ihn dann am Arm und schrie laut nach dem Gemeindediener.

Die Herren Vorstände saßen gerade zusammen bei einer Beratung, als Mr Bumble in höchster Erregung ins Zimmer stürzte und dem Herren auf dem hohen Stuhl meldete: „Mr Limbkins, ich bitte um Verzeihung, Sir, aber Oliver Twist hat mehr zu essen verlangt."

Alles fuhr auf. Entsetzen machte sich auf den Gesichtern breit.

„Mehr?", rief Mr Limbkins. „Kommen Sie zu sich, Bumble! Antworten Sie mir klar und deutlich. Verstehe ich recht? Er hat mehr gefordert als die festgesetzte Ration?"

„Jawohl, Sir."

„Der Bursche endet bestimmt einmal am Galgen", ächzte der Gentleman mit der weißen Weste. „Denken Sie an mich, der Bursche kommt noch an den Galgen."

Niemand widersprach. Oliver wurde augenblicklich eingesperrt und am nächsten Morgen hing ein Zettel am Tor des Armenhauses, auf dem jedem eine Belohnung von fünf Pfund angeboten wurde, der Oliver Twist als Lehrling zu sich nähme.

3. Kapitel

Wie Oliver beinahe eine Anstellung bekommt, die keineswegs ein Ruheposten gewesen wäre

Eine ganze Woche musste Oliver zur Strafe für seine Untat eingesperrt in einem finsteren Raum verbringen. Um gerecht zu sein, dürfen wir nicht verschweigen, dass es ihm dabei an Bewegung, Geselligkeit und frommem Trost nicht mangelte. Jeden Morgen durfte er sich unter der Aufsicht von Mr Bumble am Hofbrunnen waschen. Durch wiederholten Gebrauch seines Rohrstocks sorgte der Gemeindediener für ein Prickeln auf Olivers Haut, was eine vorbeugende Maßnahme gegen Erkältungen war. Zudem wurde Oliver jeden zweiten Tag während des Mittagessens in den Saal geführt, wo er als warnendes Beispiel vor den Augen aller ausgepeitscht wurde. Damit ihm auch frommer Trost zuteilwurde, beförderte man ihn Abend für Abend mit Fußtritten zur Gebetsstunde. Dort durfte er zuhören, wie die anderen beteten, dass Gott sie bewahren möge, so sündhaft zu werden wie ein gewisser Oliver Twist.

Eines Morgens fuhr ein Schornsteinfegermeister namens Gamfield mit seinem Eselskarren langsam die Landstraße entlang. Er war tief in Gedanken, denn er war wegen seiner Mietschulden schon mehrfach gemahnt worden. Doch dann bemerkte er den Zettel, der am Tor des Armenhauses hing.

„Höhhh – brrr!“, rief Mr Gamfield seinem Esel zu. Der trottete jedoch einfach weiter. Wütend versetzte Mr Gamfield dem Tier einen kräftigen Hieb über den Kopf, damit es nur ja stehen bleibe, und schritt auf das Tor zu, um den Anschlagzettel zu lesen. Der Gentleman mit der weißen Weste stand gerade vor dem Tor. Auf den ersten Blick erkannte er, dass Mr Gamfield, der so gut mit seinem Esel umzugehen wusste, auch der richtige Gebieter für Oliver Twist sein musste.

„Finde ich hier den Lehrjungen, den das Armenhaus abzugeben hat?", wandte sich Mr Gamfield an den Herrn vor dem Tor.

„Treten Sie näher!", rief dieser.

Mr Gamfield aber ging erst noch einmal zurück, um dem Esel einen weiteren Schlag auf den Kopf zu geben und ihn am Zügel zu reißen, damit er nicht auf die Idee kam, während seiner Abwesenheit durchzugehen. Dann folgte er dem Gentleman mit der weißen Weste ins Haus.

„Der Beruf des Schornsteinfegers ist ein wenig schmutzig", sagte Mr Limbkins, der Vorstand des Armenhauses.

„Es sollen schon Jungen im Schornstein erstickt sein", wandte ein anderer Gentleman ein.

„Das kommt nur daher, dass manche nasses Stroh im Kamin anzünden, damit die Burschen wieder runterkommen", erklärte Mr Gamfield. „Ich persönlich halte ja nichts von dieser Methode. Der Qualm führt doch nur dazu, dass die Jungen oben im Schornstein einschlafen. Ich zünde lieber gleich ein frisches Feuer an. Da müssen die Jungen richtig fix arbeiten, wenn sie sich nicht die Beine verbrennen wollen."

Ein paar Minuten berieten die Herren Vorstände leise miteinander. Nur hin und wieder war etwas wie „Einsparungen" oder „guter Schnitt bei der Abrechnung" zu hören.

Schließlich sagte Mr Limbkins: „Wir haben Ihren Vorschlag in Erwägung gezogen, können aber nicht darauf eingehen. Es sei denn, Sie geben sich auch mit einer geringeren als der ausgesetzten Summe zufrieden."

Nun begann ein großes Gefeilsche, bis sich Mr Gamfield und die Waisenhausvorstände schließlich auf einen Betrag von drei Pfund und zehn Schilling geeinigt hatten, den Mr Gamfield für Oliver zahlen sollte. Mr Bumble erhielt den Befehl, noch am selben Nachmittag Oliver Twist bei den Behörden vorzuführen, damit der Lehrvertrag amtlich bestätigt würde.

Demgemäß wurde Oliver zu seinem größten Erstaunen plötzlich aus der Haft entlassen und bekam den Befehl, ein frisches Hemd anzuziehen.

„Du kommst jetzt in die Lehre", erklärte Mr Bumble in würdevollem Ton.

„In die Lehre?", fragte der Kleine zitternd.

„Jawohl, Oliver. Die gütigen Vorstände wollen dich in die Lehre geben, damit du einen Beruf lernst. Und das tun sie in ihrer Güte, obwohl es die Gemeinde drei Pfund und zehn Schillinge kostet. Denk nur, Oliver! So viel Geld für einen nichtsnutzigen Waisenbuben, den kein Mensch leiden mag."

Auf dem Weg zum für die Genehmigung des Lehrvertrags zuständigen Amtsrichter schärfte Mr Bumble Oliver ein, er müsse sich vor allen Dingen bemühen, recht glücklich auszusehen. Wenn der alte Herr ihn frage, ob er in die Lehre gehen wolle, habe er zu antworten, dass er sich ungemein darauf freue. „Und wenn du nicht dein Bestes tust, wird es dir hinterher schlecht ergehen!", setzte er drohend hinzu.

Auf dem Amt angelangt, wurde Oliver in ein kleines Zimmer gebracht. Eine halbe Stunde blieb das arme Waisenkind mit klopfendem Herzen allein. Dann steckte Mr Bumble seinen Kopf herein und sagte laut: „Nun, Oliver, mein Kind, komm jetzt zu dem Herrn." Dabei warf er Oliver einen drohenden Blick zu und fügte leise hinzu: „Vergiss nicht, was ich dir gesagt hab, infamer Lausbub."

Mit diesen Worten schleppte Mr Bumble Oliver ins Amtszimmer.

„Dies ist der Junge, Euer Gnaden", sagte er.

„Soso, das ist der Junge", murmelte der alte Herr, der hinter dem hölzernen Pult saß.

„Jawohl, Euer Gnaden", erwiderte Mr Bumble. „Mach eine Verbeugung, mein Kind."

Oliver gehorchte und machte einen tiefen Diener, da ihm der Herr mit der gepuderten Perücke mächtig imponierte.

„Der Junge wünscht also Schornsteinfeger zu werden?", fragte der Amtsrichter.

„Ja, es ist sein Herzenswunsch", erklärte Mr Bumble.

Der Amtsrichter wendete sich an den Schornsteinfeger: „Und Sie versprechen, ihn gut zu behandeln, ordentlich zu nähren und zu kleiden?"

„Das hab ich doch schon gesagt!", erwiderte Gamfield.

„Sie haben eine etwas ungeschliffene Redeweise, lieber Freund, scheinen aber sonst ein ehrlicher, gutherziger Mann zu sein", sagte der alte Herr und richtete seinen Blick fest auf den Schornsteinfeger.

Doch der alte Herr war schon ein wenig blind und leicht senil, sodass er nicht erkannte, mit was für einer Art Mensch er es hier zu tun hatte. Er drückte sich die Brille fester auf die Nase und suchte nach dem Tintenfass. Dabei fiel sein Blick auf Olivers bleiches, verstörtes Gesicht und er sagte zu ihm: „Mein Junge.“

Oliver fuhr zusammen, denn die Worte klangen freundlich – und das war vollkommen ungewohnt für ihn. Er zitterte heftig und brach in Tränen aus.

„Aber Kind! Sag mir, was dir fehlt. Hab keine Furcht.“

Oliver fiel auf die Knie, erhob seine gefalteten Hände und flehte schluchzend, man möge ihn lieber wieder in das dunkle Zimmer zurückbringen und ihn verhungern

lassen, ihn schlagen, ihn totschlagen, alles, ihn nur nicht jenem schrecklichen Mann übergeben.

„Ha!“, rief Mr Bumble, hob feierlich die Hände empor und blickte zur Decke auf. „Von allen verstockten Waisenjungen, die mir je untergekommen sind, ist dieser der schlimmste.“

„Halten Sie den Mund!“, rief der Amtsrichter.

„Ich bitte um Entschuldigung“, stotterte Mr Bumble, der seinen Ohren nicht traute. „Haben Euer Gnaden zu mir gesprochen?“

„Jawohl! Halten Sie den Mund!“

Mr Bumble war sprachlos vor Entsetzen. Einem Gemeindediener zu befehlen, den Mund zu halten – das war eine moralische Revolution!

„Ich verweigere, diesen Vertrag zu bestätigen“, sagte der Amtsrichter dann mit vielsagendem Blick und schob das Papier zur Seite.

„Ich will doch nicht hoffen, dass Euer Ehren den löblichen Vorstand des Armenhauses aufgrund der Aussage dieses Kindes irgendeiner tadelnswerten Handlung bezichtigt?“, stammelte Mr Limbkins.

„Ich sehe mich als Amtsrichter nicht berufen, darüber irgendeine Meinung abzugeben“, erwiderte der alte Herr. „Nehmen Sie den Knaben wieder mit und behandeln Sie ihn gut. Er scheint es sehr nötig zu haben.“

Am selben Abend noch versicherte der Gentleman mit der weißen Weste wieder einmal, Oliver würde bestimmt am Galgen enden. Und am nächsten Morgen wurde abermals durch einen Anschlagzettel bekanntgemacht, dass Oliver Twist für fünf Pfund als Lehrling zu haben sei.

4. Kapitel

Wie Oliver eine andere Stelle angeboten wird und er zum ersten Mal ins öffentliche Leben tritt

Wenige Tage später traf Mr Bumble zufällig Mr Sowerberry, den Leichenbestatter.

„Ich habe den beiden Frauen Maß genommen, die gestern Nacht gestorben sind, Mr Bumble", sagte Mr Sowerberry.

„Sie werden noch mal ein reicher Mann werden", bemerkte Mr Bumble und steckte Daumen und Zeigefinger in die ihm hingereichte Schnupftabaksdose des Leichenbestatters, die wie das kleine Modell eines Sarges aussah.

„Glauben Sie?", fragte der Leichenbestatter halb zustimmend, halb ablehnend. „Was mir die Herren Vorstände des Armenhauses zahlen, ist sehr wenig."

„Die Särge, die Sie dafür bauen, sind aber auch in der Herstellung nicht gerade teuer", erwiderte der Gemeindediener und verzog sein Gesicht zu einem Lächeln, das seiner hohen Stellung angemessen war.

„Gewiss, Mr Bumble", sagte Mr Sowerberry schließlich. „Man kann freilich nicht leugnen, dass die Särge niedriger und kürzer sind als früher, seit es im Armenhaus weniger zu essen gibt. Aber auch für diese Särge braucht man Holz."

„Da haben Sie natürlich recht, Mr Sowerberry", stimmte Mr Bumble zu. „Übrigens: Wissen Sie nicht jemanden, der einen Lehrjungen brauchen könnte? Wir haben da einen Waisenjungen, den wir nicht loswerden. Es lohnt sich, Mr Sowerberry!"

Dabei deutete Mr Bumble mit seinem Stock auf den Zettel am Tor und führte drei nachdrückliche Schläge gegen die Worte „fünf Pfund“, die dort in großen Lettern zu lesen waren.

„So ein Zufall!“, rief der Leichenbestatter. „Gerade gestern habe ich überlegt, dass ich einen neuen Lehrjungen brauchen könnte.“

Sofort führte Mr Bumble ihn ins Haus. Und nur wenige Minuten später war fest vereinbart, dass Oliver noch heute Abend auf Probe zu Mr Sowerberry kommen sollte.

Der kleine Oliver wurde wiederum den Herren Vorständen vorgeführt und erfuhr, dass er zu einem Leichenbestatter in die Lehre gehen sollte. Oliver hörte sich das alles unbeweglich und stumm an. Es schien, als sei er vollständig gleichgültig gegenüber seinem weiteren Schicksal. Natürlich legte man ihm das als Verstocktheit und Undankbarkeit aus.

Kurz darauf befand er sich mit Mr Bumble gemeinsam auf dem Weg zu Mr Sowerberry. Als sie ihr Ziel fast erreicht hatten, richtete Mr Bumble zum ersten Mal das Wort an seinen Schützling: „Oliver!“

„Ja, Sir?“, erwiderte Oliver mit bebender Stimme.

„Schieb dir die Mütze aus der Stirn, Junge, und halte dich gerade.“

Als Mr Bumble mit Strenge auf ihn niedersah, rollte ihm eine Träne die Wange hinunter. Eine zweite Träne folgte und noch eine dritte. Der Kleine gab sich alle Mühe, sie zu verbergen, aber es half nichts.

„Da hört sich doch alles auf!“, rief Mr Bumble wütend. „Von all den undankbaren Waisenbuben, die mir je untergekommen sind, bist du der schlimmste.“

„Nein, nein, Sir“, schluchzte Oliver und klammerte sich wieder an die Hand, die den wohlbekannten Stock hielt. „Nein, Sir, ich will ja brav sein. Ich bin nur so … so …“

„Was denn – so?“, hakte Mr Bumble erstaunt nach.

„So einsam und verlassen, Sir, so schrecklich einsam“, schluchzte der Kleine. „Niemand kann mich leiden. Bitte, seien Sie nicht auch noch böse auf mich.“ Dabei blickte er seinem Begleiter geradewegs ins Gesicht, während dicke Tränen seine Augen füllten.

Ein paar Sekunden lang betrachtete Mr Bumble Olivers flehendes Gesicht voll Erstaunen, dann hüstelte er einige Male verlegen, murmelte ein paar Worte über das dumme Wetter und ermahnte Oliver, ein guter Junge zu sein.

Der Leichenbestatter hatte eben seinen Laden geschlossen und machte ein paar Eintragungen in sein Kontobuch, als Mr Bumble eintrat.

„Aha!“, rief er und blickte von dem Buch auf. „Sie sind es, Mr Bumble.“

„Jawohl, ich bin's“, erwiderte der Gemeindediener. „Hier ist er. Ich habe Ihnen den Jungen mitgebracht.“

Oliver machte einen Diener.

„Also, das ist der Junge, was?“, fragte der Leichenbestatter und hielt eine Kerze in die Höhe, um den Kleinen besser besichtigen zu können.

Auch Mrs Sowerberry tauchte nun aus einem kleinen Zimmer hinter dem Laden auf. Sie war eine kleine, hagere Person mit zänkischem Gesichtsausdruck.

„Liebe Frau“, begann Mr Sowerberry, „das ist der Junge aus dem Armenhaus, von dem ich dir erzählt habe.“

Oliver machte abermals einen Diener.

„Gott im Himmel“, rief die Frau, „ist der aber klein!“

„Freilich, ein wenig klein ist er“, gab Mr Bumble zu und sah Oliver mit einem strafenden Blick an, als ob dieser die Schuld daran trage, dass er nicht größer geworden sei. „Aber er wird schon noch wachsen, Mrs Sowerberry.“

„Ja, ja, auf unsre Kosten!“, sagte die Frau mürrisch. „Ich kenne schon die Armenhauskinder, die fressen immer mehr, als sie wert sind.“ Mit diesen Worten öffnete Mrs Sowerberry eine kleine Tür und drängte Oliver eine steile Treppe hinab in einen finsteren Keller, der die Bezeichnung Küche trug.

„Charlotte“, sagte Mrs Sowerberry zu einem schlampig gekleideten Dienstmädchen, „gib dem Jungen ein paar von den Resten für Trip. Seit heute Morgen streunt das Biest auf der Gasse herum, da soll es sich mal hungrig zu Bett legen. Hoffentlich ist der Bursche nicht zu heikel.“

Olivers Augen leuchteten, als vom Essen die Rede war, und er beteuerte, dass er durchaus nicht heikel sei. Daraufhin wurde ihm eine Schüssel Speiseabfälle vorgesetzt.

Später führte ihn Mrs Sowerberry wieder die Treppe hinauf. „Hier im Laden kannst du die Nacht verbringen. Hoffentlich machst du dir nichts daraus, zwischen den Särgen zu schlafen. Aber mir kann’s ja gleichgültig sein. So, jetzt mach dich fertig, ich habe keine Lust, die ganze Nacht hier zu stehen.“

5. Kapitel

Oliver wohnt erstmals einem Begräbnis bei und gewinnt eine ungünstige Meinung vom Geschäft seines Lehrherrn

Allein stand Oliver in der Werkstatt des Leichenbestatters. Vorsichtig stellte er seine Lampe auf einer Werkbank ab. Ein fertiger Sarg, der auf einem schwarzen Gestell mitten im Laden stand, erinnerte ihn so sehr an den Tod, dass ihn ein kalter Schauer überlief. Fast kam es ihm so vor, als müsse jeden Augenblick eine entsetzliche Gestalt langsam ihre Hand erheben und ihn aus dem Sarg heraus anstarren. Die Wand entlang standen Bretter aus Ulmenholz, aus denen ebenfalls Särge gebaut werden sollten. Bei dem trüben Licht sahen sie wie hochschultrige Gespenster aus. Auch der Verschlag unter dem Ladentisch, wo für Oliver eine Wollmatratze ausgebreitet lag, sah aus wie ein Grab.

Oliver fühlte sich trostlos allein und verlassen, als er in sein enges Bett hineinkroch. Fast wünschte er sich, es wäre tatsächlich sein Sarg und man trüge ihn hinaus auf den Kirchhof.

Am nächsten Morgen weckten ihn laute Fußtritte gegen die Außenseite der Werkstatttüre und eine Stimme rief: „Mach die Tür auf, na, wird's bald!"

„Sofort, Sir", erwiderte Oliver, löste die Sicherheitskette und drehte den Schlüssel um.

„Du bist wohl der neue Lehrbursch, was?", fragte die Stimme durch das Schlüsselloch.

„Ja, Sir", antwortete Oliver.

„Wie alt bist du denn?“, fragte die Stimme weiter.

„Zehn Jahre, Sir.“

„Dann werd ich dich durchprügeln, wenn ich hineinkomme“, prophezeite die Stimme. „Gib nur acht, wenn ich erst drin bin, du Zuchthäusler.“

Nach diesem liebenswürdigen Versprechen begann der Unbekannte zu pfeifen.

Oliver hatte schon zu viele Prügel einstecken müssen, um auch nur den leisesten Zweifel zu hegen, dass der Besitzer der Stimme, wer er auch sein möge, sein Versprechen halten werde. Mit zitternder Hand schob er den Riegel zurück und öffnete die Tür.

Ein paar Sekunden lang blickte er die Straße auf und ab, aber da war nur ein junger Bursche, der auf einem Pfosten vor dem Haus saß und ein Butterbrot verzehrte.

„Entschuldigen Sie, Sir“, sagte Oliver schließlich, da er niemand anderen sah, „haben Sie vielleicht geklopft?“

„Jawohl. Aber mir scheint, du weißt gar nicht, wer ich bin“, erwiderte der junge Bursche und erhob sich würdevoll von seinem Sitz.

„Nein, Sir“, gab Oliver zu.

„Ich bin Mr Noah Claypole und du bist mein Untergebener. Mach die Fensterläden auf, du Dummkopf!“ Bei diesen Worten versetzte Noah Claypole Oliver einen Tritt und schritt mit würdevoller Miene in die Werkstatt.

Bald nachdem Oliver die Fensterläden geöffnet hatte, kamen Mr und Mrs Sowerberry herunter. Nun durften Oliver und Noah zum Dienstmädchen Charlotte in die Küche gehen, um zu frühstücken.

„Komm näher zum Feuer, Noah“, sagte Charlotte. „Ich hab dir ein Stückchen Speck aufgehoben vom Frühstück des gnädigen Herrn. Oliver, mach die Tür zu hinter Noah und nimm dir die Reste, die ich dir dorthin gestellt hab. Da hast du deinen Tee, scher dich zu der Kiste dort und trink ihn – aber ein bisschen rasch gefälligst. Du musst nachher auf den Laden achtgeben, verstanden?“

„Verstanden, Zuchthäusler?“, wiederholte Noah Claypole.

„Ach Noah!“, rief Charlotte. „Lass doch den Bengel in Ruhe.“

„In Ruhe lassen?“, sagte Noah. „Der wird sowieso schon genug in Ruhe gelassen. Den lassen sogar sein Vater und seine Mutter in Ruhe. Was, Charlotte? Hahaha!“

Charlotte konnte sich gar nicht mehr halten vor Lachen, in das Noah kräftig mit einstimmte. Dann setzten sie sich zusammen und warfen von Zeit zu Zeit dem armen Oliver verächtliche Blicke zu. Oliver aber saß vor Kälte zitternd auf seiner Kiste im Winkel und verzehrte die schäbigen Reste, die man für ihn aufgehoben hatte.

Noah war zwar Zögling aus der Armenschule, aber eben kein Waisenjunge aus dem Armenhaus. Und erst recht kein Findling. Seine Mutter war eine Waschfrau und sein Vater ein versoffener Soldat mit einem Holzbein und einer Tagespension von zweieinhalb Pence. Die Laufburschen in der Nachbarschaft pflegten Noah als „Armenschüler“ zu beschimpfen und Noah hatte es stillschweigend ertragen müssen. Aber jetzt warf ihm das Schicksal durch einen glücklichen Zufall einen Waisenknaben in den Weg, den selbst der Niedrigste verspotten konnte.

Als Oliver ungefähr drei bis vier Wochen bei Mr Sowerberry war, sagte dieser eines Tages zu seiner Frau: „Der Junge hat sich ordentlich herausgemacht.“

„Na, essen tut er wahrhaftig genug“, knurrte Mrs Sowerberry.

„Er schaut oft schwermütig. Für unseren Beruf ist das genau richtig. Ich glaube fast, er würde sich als Kerzenträger bei einer Beerdigung eignen. Nicht, wenn ein Erwachsener begraben wird, sondern bei Kinderbestattungen. So etwas gibt es bisher noch bei keinem anderen Bestatter.“

Mrs Sowerberry, die für geschäftliche Dinge einen guten Blick hatte, erkannte sofort, wie erfolgversprechend der Gedanke war. Aber selbstverständlich wäre es unter ihrer Würde gewesen, das zuzugeben. Deshalb fragte sie ihren Mann nur spitz, warum er eine so naheliegende Idee nicht schon längst gehabt habe.

Schon bald ergab sich erstmals eine Gelegenheit, Oliver bei einer Beerdigung einzusetzen. Denn bereits am nächsten Morgen, ungefähr eine halbe Stunde nach dem Frühstück, erschien Mr Bumble im Laden, lehnte seinen Stock gegen die Werkbank und zog aus seinem großen, ledernen Notizbuch einen Zettel, den er Mr Sowerberry überreichte.

„Aha“, sagte der Leichenbestatter mit freudiger Miene. „Eine Bestellung für Särge, wie?“

„Vorläufig nur für einen Sarg“, berichtigte Mr Bumble, „und außerdem für ein Gemeindebegräbnis.“

„Baiton?“, las der Leichenbestatter von dem Zettel ab und blickte Mr Bumble fragend an. „Den Namen habe ich noch nie gehört.“

Mr Bumble nickte. „Wir haben erst vorgestern Abend von der Familie erfahren“, berichtete Mr Bumble, „und auch das nur, weil eine Frau, die mit ihnen im selben Hause wohnte, beim Herrn Vorstand bitten kam, man möge den Armenarzt hinschicken, um nach der Kranken zu sehen.

Der Herr Doktor war gerade beim Mittagessen, aber sein Assistent hat sogleich eine Flasche Medizin hingeschickt."

„Das ist pflichtbewusst!", rief der Leichenbestatter bewundernd.

„Ja, aber was glauben Sie, war die Folge?", berichtete Mr Bumble weiter. „Frech ist die Bande auch noch geworden. Der Mann der Kranken hat behauptet, die Arznei passe nicht für seine Frau. Ich sage Ihnen: Es war eine gute und kräftige Medizin. Und diesem Kerl ist sie für seine Frau nicht gut genug!"

„Nein, so was!", rief der Leichenbestatter.

„Jawohl, so was gibt's!", ereiferte sich Mr Bumble. „Aber jetzt ist das Frauenzimmer tot und muss unter die Erde gebracht werden." Mr Bumble setzte seinen Dreispitz wieder auf und stürmte, immer noch voller Wut, aus dem Laden.

Mr Sowerberry blickte dem Gemeindediener nach, wie er die Straße hinunterstampfte. Dann brummte er: „Je schneller wir das Geschäft abmachen, umso besser. Noah, pass unterdessen auf den Laden auf. Oliver, nimm deine Mütze und komm mit."

Oliver Twist gehorchte und folgte stumm seinem Herrn. Eine Zeitlang schritten sie durch den belebtesten Teil der Stadt. Dann bogen sie in eine enge, dreckige Gasse ein. Die Häuser auf beiden Seiten waren hoch und breit, aber sehr alt, und wurden nur von den allerärmsten Leuten bewohnt. Gelegentlich sah man ein paar schmutzig aussehende Männer und Frauen dicht an die Hauswand gedrückt die Straße entlangschleichen. Bei einzelnen, bereits halb zerfallenen Bauten hatte man Balken gegen die Mauern gelehnt und fest in den Boden gerammt, um so den vollständigen Einsturz der Gebäude zu verhindern.

Die Rinnsteine waren verstopft und voller Dreck. Selbst die Ratten, die dort verwesten, sahen aus, als ob sie verhungert seien.

Endlich waren Oliver und sein Herr am Ziel angekommen. Ein junges Mädchen, ungefähr dreizehn oder vierzehn Jahre alt, öffnete ihnen die Tür. Der Leichenbestatter trat ein und Oliver folgte ihm.

Vor einem mit kalter Asche gefüllten Kamin kauerte ein Mann, und ein altes Weib hatte auf einem Schemel neben ihm Platz genommen. In einem anderen Winkel hockten ein paar in Lumpen gehüllte Kinder herum und in einem kleinen Bretterverschlag der Eingangstüre gegenüber lag etwas auf dem Boden, über das ein altes Tuch geworfen war. Oliver schrak zusammen. Unwillkürlich fühlte er, dass unter dem Tuch eine Leiche lag.

Das Gesicht des Mannes am Kamin sah eingefallen und totenblass aus. Die alte Frau hatte ein Gesicht voller Runzeln. Oliver brachte es kaum über sich, sie oder den Mann anzublicken, denn beide sahen den toten Ratten, die er draußen bemerkt hatte, grauenhaft ähnlich.

„Niemand soll ihr nahekommen!“, rief der Mann und sprang wütend auf, als sich der Leichenbestatter dem Holzverschlag näherte. „Zurück da! Gott verdammt!“

„Unsinn, lieber Freund“, suchte ihn der Leichenbestatter zu beruhigen. „Sie müssen doch einsehen …“

Doch der Mann ballte die Fäuste, stampfte wie ein Rasender auf den Boden und rief: „Ich will nicht, dass sie eingescharrt wird!“

Mr Sowerberry gab weiter keine Antwort, sondern zog ein Maßband aus seiner Tasche und kniete einen Augenblick neben der Leiche nieder.

„Ja“, rief der Mann und brach in Tränen aus, „kniet nur nieder, kniet alle nieder! Man hat sie hungern lassen, bis sie gestorben ist. Ich hab ja nicht geahnt, wie schlimm es mit ihr stand, bis sie das Fieber bekam. Und da stachen ihr auch schon die Knochen durch die Haut. Nicht einmal ein Licht brannte hier, als sie starb. In der Dunkelheit hat sie sterben müssen. Ich hab für sie auf der Straße gebettelt, aber da haben sie mich ins Gefängnis gesteckt. Und als ich freikam, lag sie schon im Sterben. Ich schwöre bei Gott, dass es wahr ist. Sie haben sie verhungern lassen!“

„Sie war meine Tochter“, krächzte nun die alte Frau. „Es ist so merkwürdig, dass ich, ihre Mutter, noch lebe, während sie hier liegt – kalt und starr.“ Dann lachte sie wie eine Besessene und griff nach dem Leichenbestatter, der inzwischen an der Toten Maß genommen hatte.

Dieser gab eine kurze, beruhigende Antwort. Dann befreite er sich von dem Griff der Alten, zog Oliver hinter sich her und eilte hinaus.

Am nächsten Tag kehrte Oliver mit seinem Herrn in die elende Höhle zurück. Mr Bumble erwartete sie bereits, gefolgt von vier Armenhäuslern, die das Amt der Leichenträger besorgen sollten.

„Wir sind spät dran und dürfen den Herrn Pfarrer nicht warten lassen. Vorwärts, Leute!“, flüsterte Mr Sowerberry.

Doch die Eile war überflüssig gewesen, denn als sie den heruntergekommenen Armenfriedhof erreichten, war der Geistliche noch nicht gekommen.

Endlich, nach mehr als einer Stunde, erschien er. Noch im Gehen zog er sich seinen Talar an. Dann hielt der Priester eine Grabrede, die ein paar Minuten dauerte, und begab sich auf schnellstem Weg wieder nach Hause.

„Vorwärts, Bill!“, befahl Mr Sowerberry dem Totengräber und dieser gehorchte. Schnell schaufelte er die Erde in die Grube hinein und stampfte sie mit den Füßen fest.

„Kommen Sie“, sagte Mr Bumble und klopfte dem verzweifelten Witwer auf den Rücken. „Der Friedhof wird gleich wieder geschlossen.“

Bei dieser Berührung schreckte der Mann zusammen, taumelte ein paar Schritte vorwärts und sank dann ohnmächtig zu Boden. Man schüttete eine Kanne kalten Wassers über ihn, worauf er wieder zum Bewusstsein kam. Dann wurde das Tor verriegelt und jeder ging seines Weges.

„Na, Oliver“, fragte Mr Sowerberry auf dem Heimweg, „wie hat's dir gefallen?“

„So leidlich“, antwortete Oliver stockend.

„Du wirst dich schon dran gewöhnen“, tröstete ihn der Leichenbestatter.

Oliver dachte darüber nach, wie lange es wohl gebraucht haben mochte, bis sich Mr Sowerberry an dergleichen gewöhnt hatte.

6. Kapitel

Oliver lässt sich durch Noahs Sticheleien
provozieren und wird tätlich,
worüber dieser einigermaßen erstaunt ist

Als der Probemonat vorüber war, wurde Oliver in aller Form als Lehrling eingestellt. Es war gerade sozusagen Sterbesaison und nach Särgen herrschte rege Nachfrage. Die ältesten Einwohner der Stadt konnten sich nicht erinnern, dass die Masern jemals so gewütet hatten, wie es in diesen Tagen der Fall war. Oliver musste bei den meisten Begräbnissen mitgehen. So sollte er den einem Leichenbestatter angemessenen Gleichmut lernen.

Seit Oliver zu Mr Sowerberry gekommen war, hatte sich Noah Claypoles Gehässigkeit noch gesteigert. Noah fühlte sich zurückgesetzt, weil Oliver, obwohl er viel jünger war, bei jeder Beerdigung im schwarzen Anzug mitgehen durfte, während er, der Ältere, im Laden bleiben musste. Das Dienstmädchen Charlotte machte es dem von ihr verehrten Noah nach. Mrs Sowerberry schließlich war Olivers ärgste Feindin, weil sie stets besonders unfreundlich zu denjenigen war, die von ihrem Mann gut behandelt wurden.

Eines Mittags waren Oliver und Noah in die Küche hinabgeklettert, um ihre karge Mahlzeit zu verspeisen. Da die beiden allein waren, begann Noah seinen jungen Kollegen zu hänseln.

Lässig legte er die Füße auf das Tischtuch, zog Oliver an den Haaren und zwickte ihn. „Du bist ein ekliger Schleimer!“, schimpfte er. „Und irgendwann wirst du einmal am Galgen baumeln.“

Doch all diese hämischen Versuche, Oliver zum Weinen zu bringen, schlugen fehl. Darum griff Noah Claypole zu stärkeren Mitteln. „Du Zuchthäusler!“, rief er. „Was macht übrigens deine Mutter?“

„Sie ist tot“, sagte Oliver, „sprich nicht von ihr.“ Das Blut stieg ihm in die Wangen und seine Lippen zuckten seltsam.

Noah Claypole war sich nun sicher, dass Oliver gleich in Tränen ausbrechen würde, und startete einen neuen Angriff: „Woran ist sie denn gestorben, Zuchthäusler?“

„An gebrochenem Herzen, hörte ich die alte Wärterin sagen“, murmelte Oliver, mehr zu sich selbst sprechend als zu seinem Kollegen. „Ich glaube, ich verstehe, was das heißt.“

„Das ist doch dummes Zeug, du Zuchthäusler“, sagte Noah, während über Olivers Wange eine Träne lief. „Was hat dich denn so plötzlich zum Flennen gebracht?“

„Ach nichts“, erwiderte Oliver, sich schnell die Augen trocknend. „Aber jetzt halt gefälligst den Mund.“

„Was, du sagst mir, dass ich den Mund halten soll?“, rief Noah. „Ausgerechnet einer, dessen Mutter eine … na, du weißt schon was, war.“

„Das nimmst du zurück!“, fuhr Oliver auf.

„Warum sollte ich? Immerhin: Für dich war es wohl das Beste, dass sie rechtzeitig ins Gras gebissen hat. Sonst wäre sie am Ende noch im Zuchthaus oder am Galgen geendet. Oder vielleicht nicht?“

Purpurrot vor Wut sprang Oliver auf, packte Noah an der Gurgel und schüttelte ihn, dass ihm die Zähne im Munde klapperten. Dann schlug er ihn mit einem einzigen geschickten Hieb zu Boden. Aufrecht stand er da, blitzte seinen Peiniger wild an und trotzte ihm mit einer Kraft, die er sich selbst nie zugetraut hätte.

„Er will mich ermorden!", heulte Noah. „Charlotte! Mrs Sowerberry! Er schlägt mich tot! Hilfe! Oliver ist verrückt geworden. Charlotte!"

Sofort kamen Charlotte und Mrs Sowerberry die Treppe heruntergepoltert.

„Oh, du elendes Ungeheuer!", kreischte Charlotte und packte Oliver an der Schulter. „Du klei-ner, un-dank-barer, gie-ri-ger Schuft." Und bei jeder Silbe versetzte sie dem armen Oliver einen kräftigen Hieb.

Dann griff auch noch Mrs Sowerberry in das Geschehen ein, hielt Oliver mit einer Hand fest und zerkratzte ihm mit der anderen das Gesicht. Das gab natürlich Noah seinen Mut zurück. Er stand auf und begann von hinten auf Oliver einzuschlagen.

Als sich die drei endlich müde geprügelt hatten und nicht mehr konnten, schleppten sie Oliver, der sich immer noch aus Leibeskräften wehrte und aus vollem Halse schrie, in den Kohlenkeller, wo sie ihn einsperrten.

Dann sank Mrs Sowerberry in einen Stuhl und brach in Tränen aus. „Ach, Charlotte!", heulte sie. „Wir können Gott danken, dass dieser Unhold uns nicht längst alle in unseren Betten ermordet hat."

„Ja, so ist es, Madame!", erwiderte das Dienstmädchen. „Der arme Noah, er war schon halb tot, als ich hereinkam."

„Der arme, arme Junge!", rief Mrs Sowerberry voller Mitleid.

Und auch Noah war ganz ergriffen und heuchelte ein paar Tränen.

„Was sollen wir nur tun?", überlegte Mrs Sowerberry dann. „Mein Mann ist nicht zu Hause, niemand ist da, und die Tür wird uns der Kerl in ein paar Minuten eingetreten haben."

Tatsächlich rückte der wütende Oliver der Bretterwand des Kohlenkellers energisch zu Leibe.

„Ich weiß auch nicht, was wir tun sollen, Mrs Sowerberry", jammerte Charlotte. „Sollen wir nicht vielleicht nach der Polizei schicken?"

„Nein", widersprach Mrs Sowerberry, die sich in diesem Augenblick an Olivers alten Freund erinnert hatte. „Lauf zu Mr Bumble, Noah, und sage ihm, er soll gleich herkommen. Such nicht erst lang nach deiner Mütze, sondern beeil dich."

Noah Claypole hielt nicht einen Augenblick im Laufen inne und kam atemlos vor dem Tor des Armenhauses an. Einen Augenblick blieb er stehen, um eine möglichst klägliche Miene aufzusetzen. Dann klopfte er laut und zeigte dem alten Armenhäusler, der ihm öffnete, ein so jämmerliches Gesicht, dass dieser vor Erstaunen zurückprallte und fragte: „Um Gottes willen, was hast du denn, Junge?"

„Mr Bumble! Mr Bumble!", schrie Noah in gut geheuchelter Angst und so laut, dass Mr Bumble in den Flur gestürzt kam. Er hatte in der Eile sogar seinen Dreispitz vergessen – ein deutlicher Beweis, dass unter Umständen sogar ein Gemeindediener all seine Würde vergessen kann.

„Mr Bumble", keuchte Noah, „Oliver … Oliver ist …"

„Was denn, was ist denn?", fragte Mr Bumble mit erwartungsfroh blitzenden Augen. „Doch nicht davongelaufen? So sprich doch, Noah!"

„Nein, Sir, nein, fortgelaufen ist er nicht, Sir. Aber mich, Charlotte und Mrs Sowerberry hat er ermorden wollen. Oh Gott, Sir, mein Hals, mein Kopf, meine Brust … Ich halt's nicht aus vor Schmerzen."

Sein Jammergeheul lockte den Gentleman mit der weißen Weste herbei.

„Sir!", schrie Mr Bumble. „Hören Sie! Hier ist ein Junge, der von Oliver Twist beinahe ermordet worden wäre."

„Sehen Sie, sehen Sie. Hab ich's nicht gleich gesagt! Ich habe immer prophezeit: Der Bursche wird noch einmal am Galgen enden."

„Und das Dienstmädchen hat er auch ermorden wollen", stotterte Mr Bumble mit aschfahlem Gesicht.

„Und Mrs Sowerberry auch“, setzte Noah hinzu.

„Und seinen Herrn ebenfalls, nicht wahr, Noah?“

„Nein, der war ausgegangen“, erklärte Noah. „Darum lässt Mrs Sowerberry fragen, ob Sie, Mr Bumble, nicht Zeit haben, gleich mitzukommen und ihn durchzuprügeln.“

„Gewiss hat Mr Bumble Zeit, mein Junge“, versicherte der Gentleman mit der weißen Weste und lächelte gütig. „Du bist ein braver Junge. Hier hast du einen Penny. Bumble, nehmen Sie mal gleich Ihren Stock und gehen Sie hinüber und tun Sie, was Sie können. Schonen Sie den Burschen nicht, Bumble!“

„Nein, gewiss nicht, Sir“, versprach der Gemeindediener und machte sich mit Noah eiligst auf den Weg zum Laden des Leichenbestatters.

Hier war alles beim Alten: Mr Sowerberry war noch immer nicht zurück und Oliver schlug nach wie vor aus Leibeskräften gegen die Bretterwand. Die Schilderungen, die Mrs Sowerberry und Charlotte von seiner Wildheit gaben, waren so überzeugend, dass Mr Bumble beschloss, sicherheitshalber erst einmal zu verhandeln, bevor er die Kellertür aufschloss.

„Oliver!“, rief er.

„Lassen Sie mich raus!“, schrie Oliver von innen.

„Kennst du meine Stimme, Oliver?“, fragte Mr Bumble.

„Ja.“

„Und du fürchtest dich nicht vor mir? Du zitterst nicht?“

„Nein“, versetzte Oliver kühn.

Mr Bumble war sprachlos vor Erstaunen.

„Er muss verrückt geworden sein“, bemerkte Mrs Sowerberry.

In diesem Augenblick war das Zuschlagen der Haustür zu hören. Mr Sowerberry kam nach Hause. Nachdem ihm Olivers Missetaten haarklein und mit vielen Übertreibungen geschildert worden waren, riegelte er unverzüglich die Kellertüre auf und zog seinen rebellischen Lehrjungen am Kragen heraus.

Olivers Kleider waren infolge der Prügelei total zerrissen. Sein Gesicht war zerkratzt und mit Beulen übersät und das Haar hing ihm wild über die Stirn. Aber immer noch lag die Zornesröte auf seinen Wangen. Er blickte grimmig zu Noah.

„Du bist mir ja ein netter Bursche!", schrie Mr Sowerberry, schüttelte ihn tüchtig durch und gab ihm eine Ohrfeige.

„Er hat meine Mutter beleidigt", antwortete Oliver.

„Na, was ist denn da weiter dabei, du undankbarer Taugenichts!", gellte Mrs Sowerberry. „Hat er damit vielleicht nicht recht gehabt?"

„Nein, er hat nicht recht gehabt!", rief Oliver.

„Sie hat es verdient!", schrie Mrs Sowerberry.

„Das ist eine Lüge", erklärte Oliver kühn.

Sofort brach Mrs Sowerberry in eine Flut von Tränen aus, die ihrem Gatten keine Wahl mehr ließ. Wollte er wirklich einen Augenblick zögern, Oliver streng zu bestrafen, so würde er das noch Jahre später zu hören bekommen. Er züchtigte Oliver daher in einer Weise, die Mr Bumbles Eingreifen mehr als überflüssig machte. Dann wurde der kleine Missetäter wieder eingesperrt. Eine ganze Weile noch verspotteten Noah, Charlotte und Mrs Sowerberry ihn durch die Türe hindurch. Dann endlich wurde Oliver aus seinem Gefängnis befreit und durfte zu seinem Bett zwischen den Särgen gehen. Auch die anderen Hausbewohner legten sich schlafen.

Jetzt erst, als niemand mehr da war, der ihn sehen oder hören konnte, brach Oliver in Tränen aus. Er barg sein Gesicht in den Händen und weinte, wie wohl wenige Kinder vor ihm geweint haben mögen.

Die Kerze war schon weit heruntergebrannt, als er wieder aufstand. Eine Weile lauschte er gespannt. Dann schlich er zur Haustür, schob mit großer Anstrengung den Riegel zurück und schaute auf die Straße hinaus.

Es war eine kalte und finstere Nacht. Kein Lufthauch regte sich. Schnell schnürte er die wenigen Kleidungsstücke, die er besaß, in ein Bündel und wenig später stand er draußen auf der Straße. Einen kurzen Augenblick war er unschlüssig. Dann schlug er den Weg nach London ein.

7. Kapitel

Oliver geht nach London und trifft unterwegs einen merkwürdigen jungen Gentleman

Erst um die Mittagsstunde machte Oliver auf seiner Wanderung bei einem Meilenstein Halt, auf dem die Entfernung zur Hauptstadt angegeben war. In seinem Bündel befand sich nichts außer einer Brotrinde, einem groben Hemd und zwei Paar Strümpfen. Außerdem besaß er einen Penny – ein Trinkgeld, das ihm Mr Sowerberry einmal gegeben hatte. Fast zwanzig Meilen legte Oliver an diesem Tag zurück. Unterwegs aß er die Brotrinde und trank an einem Brunnen ein paar Schluck Wasser. Abends legte er sich in einem Heuhaufen schlafen. Am nächsten Tag schaffte er zwölf Meilen, wobei er seinen Penny für Brot ausgab. Wieder übernachtete er im Freien, sodass er am dritten Morgen vor Kälte fast erstarrt war und sich kaum von der Stelle bewegen konnte.

Er hätte sein Ziel wohl kaum lebend erreicht, wenn sich nicht ein menschenfreundlicher Schrankenwärter und seine Frau seiner angenommen und ihm ein Stück Brot und etwas Käse geschenkt hätten. So kam er am siebten Tag seiner Wanderung mit wunden Füßen in eine kleine Stadt namens Barnet. Hier kauerte er sich auf eine Türschwelle, um ein wenig auszuruhen.

Plötzlich bemerkte er, dass ein junger Bursche, der einige Minuten vorher achtlos an ihm vorübergegangen war, zurückkehrte und ihn von der anderen Straßenseite her unverwandt anstarrte. Schließlich kam der Fremde über die Straße, trat dicht an Oliver heran und fragte: „Hallo, wo kommst du denn her? Was schaust du denn so unglücklich?"

„Ich bin schon seit sieben Tagen unterwegs und furchtbar hungrig und müde", antwortete Oliver.

„Was? Seit sieben Tagen?", rief der andere. „Aha, weiß schon. Du bist sicher auf der Flucht vor den Bullen."

Oliver sah ihn verständnislos an.

„Weißt du etwa nicht, was 'n Bulle ist? Ein Bulle is 'n Polizist, du Unschuldslamm! Sag bloß, du hast noch nie im Loch gesessen?"

„In was für einem Loch?", fragte Oliver.

„Im Loch halt. Oder im Kittchen."

Oliver wusste noch immer nicht, was er meinte.

„Vom Gefängnis rede ich! Aber jetzt besorgen wir dir erst mal was zu essen. Steh auf und komm."

Der Junge führte Oliver zu einem Krämerladen, in dem er Brot und Schinken kaufte und Oliver davon essen ließ.

„Du willst also nach London?", fragte er, nachdem Oliver ein wenig gesättigt war.

„Ja."

„Hast du 'ne Bude?"

„Eine was?"

„Na, 'ne Wohnung oder ein Zimmer."

„Nein."

„Und Schotter?"

Oliver machte ein fragendes Gesicht.

„Geld meine ich."

„Nein."

Der junge Gentleman versenkte die Hände in seinen Hosentaschen und pfiff durch die Zähne. „Na, mach dir mal keine Sorgen deshalb", tröstete er Oliver. „Ich will auch nach London. Ich kenn da einen alten Herrn, der wird dir bald eine gute Stelle verschaffen. Zumindest, wenn ich dich mitbringe, denn auf mich hält er große Stücke!"

Es war bereits elf Uhr abends, als sie London erreichten. In der großen Stadt gab es so viel zu sehen, dass Oliver Mühe hatte, seinen neuen Freund, der übrigens Jack Dawkins hieß, nicht aus den Augen zu verlieren. Einen schmutzigeren und verkommeneren Ort als das Stadtviertel, durch das sie jetzt gingen, hatte Oliver noch nie gesehen. Die Straßen waren eng und dreckig. Ein erbärmlicher Gestank hing in der Luft. Viele kleine Läden gab es hier, aber es schien nicht so, als ob sie etwas zu verkaufen hatten. Nur die Kneipen hatten offenbar ausreichend Kundschaft. Besoffene prügelten sich davor, was das Zeug hielt. Immer wieder schlüpften scheu blickende Gestalten aus den Hauseingängen und verschwanden eilig im Dunkel der Gasse.

Oliver überlegte bereits, ob er nicht besser weglaufen sollte. Doch da stieß Jack eine Türe auf, zog Oliver in einen Korridor und schloss gleich darauf das Tor wieder hinter sich zu. Dann stieß er einen seltsamen Pfiff aus.

„Wer ist da?", rief eine Stimme.

„Alles in Butter auf'm Kutter", war die Antwort. Offenbar handelte es sich um ein Losungswort.

Gleich darauf sah man am hinteren Ende des Ganges eine Kerze flackern. Ein Mann schaute aus einer der Türen auf den Flur hinaus. „Das sind ja zwei", sagte er. „Wer ist der andere?"

„Ein Neuer", antwortete Jack Dawkins knapp und zeigte auf Oliver. „Ist Fagin oben?"

„Natürlich. Marsch, rauf mit euch."

Die Kerze erlosch und die Gestalt verschwand.

Oliver tastete sich die Wand entlang und hielt sich dabei mit einer Hand am Ärmel seines Gefährten fest. Sie stiegen eine dunkle, morsche Stiege hinauf. Dann öffnete sich eine Tür und Oliver trat ein.

Wände und Decke der kleinen Stube waren fast schwarz. Ein Holztisch stand vor dem Ofen, darauf eine Kerze, die im Hals einer Bierflasche steckte, und daneben ein paar Zinnkrüge, Brot, Butter und ein Teller. In einer Bratpfanne über dem Feuer lagen ein paar Würste. Davor stand, eine große Gabel in der Hand, ein uraltes, verdörrtes Männlein

mit schurkischem, abstoßendem Gesicht. Um den Tisch herum saßen vier bis fünf Jungen, keiner älter als Jack Dawkins. Sie alle rauchten Pfeife oder tranken Schnaps wie Erwachsene. Der Alte warf Oliver einen lauernden Blick zu, ohne dabei die Gabel aus der Hand zu legen.

„Hallo Fagin“, sagte Jack Dawkins, „das ist mein Freund Oliver Twist.“

Der Alte grinste. Nun umringten auch die Jungen mit ihren Pfeifen Oliver. Jeder schüttelte ihm die Hand. Einer der jungen Gentlemen versuchte, ihm seinen Beutel abzunehmen, ein anderer fuhr mit den Fingern in Olivers Taschen, offenbar um diese auszuleeren und Oliver eine Mühe vor dem Zubettgehen zu ersparen. Die Jungen hätten ihre Höflichkeiten wahrscheinlich noch weiter ausgedehnt, hätte der alte Fagin nicht seine Gabel mehrfach auf sie herabsausen lassen.

„Es freut mich, dich kennenzulernen, Oliver. Es freut mich ganz außerordentlich“, versicherte er dabei. Und zu Jack Dawkins gewandt sagte er: „Du Schlitzohr! Nimm die Pfanne vom Feuer und mach Oliver etwas zu essen.“

Die anderen Jungen kehrten zu ihrem Abendessen zurück und auch Oliver aß, was ihm zugeteilt wurde. Danach braute ihm Fagin einen heißen Grog, den er aber auf der Stelle austrinken musste, da noch ein anderer das Glas brauchte. Oliver tat, wie ihm befohlen wurde. Sogleich wurde er unbeschreiblich müde und fühlte nur noch, dass er sanft auf einen Strohsack gelegt wurde. Dann fiel er in einen tiefen Schlaf.

8. Kapitel

Enthält weitere Einzelheiten über den liebenswürdigen alten Gentleman und seine hoffnungsvollen Zöglinge

Spät am nächsten Morgen erwachte Oliver nach einem langen, festen Schlummer. Es war niemand im Zimmer außer dem alten Fagin, der gerade Kaffee kochte und dabei leise vor sich hin pfiff. Als der Kaffee fertig war, schob er den Kessel vom Feuer weg, stand eine Weile unschlüssig da und sprach Oliver an.

Oliver, der noch nicht richtig wach war, antwortete nicht und erweckte damit den Anschein, nach wie vor zu schlafen. Das schien Fagin zu beruhigen. Er ging leise zur Türe und schloss sie ab. Dann öffnete er eine Falltür, die sich in einer Ecke des Zimmers in den Bodendielen befand, und zog aus dem Hohlraum darunter eine kleine Schatulle hervor, die er vor sich auf den Tisch stellte. Seine Augen funkelten, als er das Kästchen öffnete und eine prachtvolle, mit Diamanten besetzte goldene Uhr herausnahm.

„Verdammt pfiffige Hunde", murmelte er vor sich hin, zog die Schultern in die Höhe und sein Gesicht verzerrte sich zu einem scheußlichen Grinsen. „Und verschlossen bis zum letzten Atemzug. Nichts haben sie verraten. Aber was hätt's ihnen auch geholfen, den alten Fagin zu verpfeifen?"

Dann legte er die Uhr wieder in das Kästchen zurück, holte weitere Uhren und Schmuckstücke hervor, alle so wundervoll gearbeitet, dass Oliver förmlich geblendet war.

Eines der Schmuckstücke war so klein, dass der alte Herr es ganz in seiner Handfläche verbergen konnte. Es schien sich eine sehr kleine, kaum sichtbare Inschrift darauf zu befinden, denn Fagin betrachtete es lange aus nächster Nähe und legte es dann wieder weg. Offenbar hatte er nicht entziffern können, was darauf stand. Gemächlich lehnte er sich in seinem Stuhl zurück und murmelte: „Ist doch eine feine Sache, der Galgen. Ein Toter bereut nichts mehr. Und ein Toter kann nichts mehr verraten."

Gedankenverloren schaute er vor sich hin. Plötzlich aber fiel sein Blick auf Oliver, der neugierig zu ihm hinüberschaute. Heftig schlug er die Schatulle zu, ergriff das Brotmesser, das auf dem Tisch lag, und sprang wütend auf.

„Was soll das?", rief Fagin. „Was spionierst du da? Warum bist du plötzlich wach? Was hast du gesehen? Rede schon, wenn dir dein Leben lieb ist."

„Ich konnte nicht mehr schlafen, Sir", erwiderte Oliver demütig. „Verzeihen Sie, wenn ich Sie gestört habe, Sir."

„Du bist nicht etwa schon seit einer Stunde wach?", rief Fagin mit wildem Blick.

„Nein, wirklich nicht", beteuerte Oliver.

„Ist das auch wahr?", fragte Fagin drohend.

„Ganz gewiss, Sir. Ich bin eben erst aufgewacht."

„Schon gut, schon gut", murmelte der alte Mann und begann, mit dem Messer zu spielen, als habe er nie etwas Übles damit vorgehabt. „Ich habe ja auch nur einen kleinen Scherz gemacht. Du bist ein braver Junge, Oliver, haha." Dabei rieb er sich grinsend die Hände, blickte aber immer noch etwas unsicher auf die Schatulle.

„Hast du die schönen Sachen gesehen, die hier drin sind, Oliver?", fragte er nach einer Pause und legte die Hand auf das Kästchen.

„Ja, Sir."

„Also doch!", murmelte Fagin und wurde bleich. „Nun ja, das sind halt so meine bescheidenen Habseligkeiten. Von etwas muss ich schließlich leben auf meine alten Tage."

Fagin musste ein schrecklicher Geizhals sein, wenn er so viele Uhren und Juwelen besaß und trotzdem in einer so heruntergekommenen Wohnung lebte, dachte sich Oliver. Aber dann überlegte er sich, dass der alte Herr wohl viel Geld für seine jungen Freunde – wie zum Beispiel für das Schlitzohr, wie er Jack Dawkins nannte – ausgab. Offenbar war er ein großer Menschenfreund.

Oliver stand auf und wusch sich. Kaum war er damit fertig, als Jack mit einem sehr lustigen Jungen eintrat, der Oliver als Charley Bates vorgestellt wurde. Fagin und die drei Jungen setzten sich nun an den Tisch, um zu frühstücken.

„Na", sagte Fagin an Jack gewandt und warf dabei einen Blick auf Oliver. „Wart ihr heute in der Früh auch schon fleißig bei der Arbeit, Jungs?"

„Schon, aber es war nicht einfach", murrte das Schlitzohr.

„Verdammt hart", setzte Charley Bates hinzu.

„Aber ihr habt es sicher gut gemacht", lobte Fagin. „Was habt ihr denn mitgebracht, Jack?"

„Ein paar Taschentücher."

„Bestickte?", fragte der alte Herr gierig.

„Schon, sie sind ganz hübsch", erwiderte Jack und zog die Taschentücher hervor.

„Die sind von guter Qualität", sagte Fagin, nachdem er sie sorgfältig geprüft hatte. „Was meinst du, Oliver?"

„Wahrhaftig, ja", bestätigte Oliver, worauf Charley Bates in Gelächter ausbrach.

„Nur die Monogramme sind nicht schön", überlegte Fagin. „Die müssen wir mit der Nadel herauszupfen. Am besten zeigen wir Oliver, wie das geht. Dann kann er es machen. Was meinst du, Oliver?"

„Gerne", erwiderte Oliver.

„Du möchtest wohl auch gerne so schöne Taschentücher machen können wie Charley Bates und das Schlitzohr, nicht wahr, Kleiner?"

„Gerne, wenn Sie es mir beibringen, Sir", bat Oliver.

Wieder brach Charley in schallendes Gelächter aus, was Oliver nicht verstand.

Das Schlitzohr meinte nur grinsend: „Pass nur auf, Charley – Oliver wird schon alles Nötige lernen."

Als sie das Frühstück beendet hatten, spielten Fagin und die beiden Jungen ein höchst seltsames Spiel. Der alte Herr schob sich eine Schnupftabaksdose in eine Hosentasche, eine zweite nebst einer Brieftasche in die andere. Dann steckte er eine Uhr in seine Westentasche und befestigte die zugehörige Kette im Knopfloch. Seine Krawatte schmückte er mit einer falschen Brillantnadel. So spazierte er mit dem Stock in der Hand im Zimmer hin und her. Zuweilen blieb er beim Herd stehen und dann wieder an der Tür und tat, als betrachte er ein Schaufenster. Dabei blickte er sich ständig um, als habe er Angst vor Taschendieben. Er benahm sich dabei so ungeheuer komisch, dass Oliver vor Lachen die Tränen über die Wangen liefen.

Die ganze Zeit über blieben die beiden Jungen dem alten Herrn dicht auf den Fersen. Wenn er sich umdrehte, entschlüpften sie ihm, sodass er sie nie genau zu Gesicht bekam. Schließlich trat ihm das Schlitzohr auf die Zehen oder stolperte ihm scheinbar zufällig über die Füße, während Charley Bates sich von hinten an ihn herandrängte und ihm mit außerordentlicher Geschwindigkeit Tabaksdose, Brieftasche, Uhr, Kette und Krawattennadel stahl. Dann fing das Spiel von Neuem an.

Als sie sich schon eine ganze Weile so beschäftigt hatten, traten zwei junge Damen ein. Beide waren ziemlich hübsch, wenn sie auch einen etwas ungepflegten Eindruck machten und für ihr Alter – sie waren kaum älter als Charley und Jack – etwas zu stark geschminkt waren.

Ihr Besuch dauerte ziemlich lange. Weil eine der beiden jungen Damen fror, wurde sogar Schnaps geholt, und mit der Zeit wurde es immer lustiger am Tisch. Schließlich brachen Charley, Jack und die beiden jungen Damen auf. Fagin gab ihnen extra noch etwas Kleingeld mit, das sie offenbar ganz nach Belieben ausgeben durften.

„Siehst du, mein Junge“, sagte Fagin, als er mit Oliver allein war. „Lebt sich's nicht fein bei mir? Nimm sie dir zum Vorbild – besonders Jack, das Schlitzohr. Aber jetzt lass uns auch einmal das Spiel machen. Kannst du mir das Taschentuch aus der Hosentasche ziehen, ohne dass ich was merke?“

Oliver hielt, wie er es vorhin gesehen hatte, die Tasche mit der einen Hand fest und zog mit der anderen vorsichtig das Taschentuch heraus.

„Hast du es schon?“, fragte der Alte.

„Hier, Sir“, sagte Oliver und hielt ihm das Tuch hin.

„So ein geschickter Junge!“, lobte der alte Herr und tätschelte Oliver den Kopf. „Wenn du so weitermachst, wirst du es noch einmal zu etwas bringen. Aber jetzt will ich dir zeigen, wie man die Monogramme aus den Taschentüchern zupft.“

9. Kapitel

Oliver wird mit dem Charakter seiner neuen Gefährten besser vertraut, wofür er aber teuer bezahlt

Viele Tage lang blieb Oliver bei Fagin und seinen jungen Freunden. Geduldig zupfte er die Monogramme aus Taschentüchern, die in großer Zahl eintrafen. Doch auf Dauer hielt es Oliver in der engen Wohnung nicht aus. Er wollte an die frische Luft.

Eines Morgens wurde ihm die Erlaubnis dazu erteilt. Es waren ohnehin keine Taschentücher mehr da, an denen er hätte arbeiten können. Außerdem waren Jack und Charley mehrmals mit leeren Händen nach Hause gekommen, woraufhin Fagin ihnen nachdrücklich das Verwerfliche eines müßigen Lebenswandels vor Augen hielt.

Oliver machte sich also mit seinen beiden Gefährten auf den Weg. Diese schlenderten langsam und lustlos herum. Oliver schien es, als ob die beiden sich vor der Arbeit drückten und so den armen Fagin betrogen. Das Schlitzohr verhielt sich zudem recht seltsam. Immer wenn sie kleineren Jungen begegneten, riss er diesen die Mützen vom Kopf und warf sie in den Rinnstein. Charley Bates benahm sich noch sonderbarer. Er schien eine sehr seltsame Vorstellung von Mein und Dein zu haben. Fortwährend nahm er Äpfel und Zwiebeln von den Ständen der Händler und ließ sie in seinen geräumigen Hosentaschen verschwinden.

Oliver fühlte sich immer unwohler. Er wollte gerade schon seine Absicht bekanntgeben, dass er alsbald den Heimweg antreten wolle, als seine Gedanken in eine andere Richtung gelenkt wurden. Denn er musste beobachten, wie sich das Benehmen des Schlitzohrs auf ganz geheimnisvolle Weise änderte.

Sie kamen gerade aus einem kleinen Hof in der Nähe eines freien Platzes heraus. Plötzlich blieb Jack stehen und legte den Finger auf seine Lippen.

„Was ist denn?“, fragte Oliver.

„Siehst du den alten Kerl da drüben, Charley? Der ist was für uns“, flüsterte das Schlitzohr.

„Ja, ein guter Fang!“, bemerkte Charley.

Schon huschten Jack und Charley über die Straße und schlichen sich hinter den alten Herrn. Oliver ging unschlüssig ebenfalls hinüber, blieb dann aber stehen und sah ihnen stumm und verwundert zu.

Der alte Herr sah ungemein ehrwürdig aus. Er war in einen dunkelgrünen Rock mit schwarzem Samtkragen und weiße Hosen gekleidet und hatte eine goldene Brille auf der Nase. Unter dem Arm trug er einen eleganten Spazierstock. Er stand vor einem Buchladen, war ganz in ein Buch vertieft und schien für nichts anderes einen Blick zu haben. Es war gut möglich, dass sich der alte Herr einbildete, er befände sich in einem Lehnstuhl seines Studierzimmers. Denn fast war es so, als wolle er das Buch hier und jetzt in Gänze lesen. Er wendete Blatt um Blatt – wann immer eine Seite zu Ende war, begann er auf der nächsten aufs Neue und tat das fortwährend mit der allergrößten Aufmerksamkeit.

Entsetzt beobachtete Oliver, wie Jack seine Hand in der Tasche des alten Herrn verschwinden ließ und sie gleich darauf mit einem Taschentuch wieder herauszog, das er

Charley übergab. Schnell nahmen beide Reißaus. Mit einem Schlag wurde Oliver klar, woher all die Taschentücher, Uhren und Schmuckstücke kamen. Einen Augenblick lang war er vor Schreck wie gelähmt. Dann lief er verängstigt davon.

Doch im selben Augenblick griff der alte Herr in seine Tasche, vermisste sein Taschentuch und wandte sich um. Da er Oliver davonlaufen sah, hielt er natürlich ihn für den Täter. Laut schrie er: „Haltet den Dieb!“

Sofort stimmten all die Leute, die auf der Straße unterwegs waren, ein: „Haltet den Dieb!"

Als Jack und Charley das Geschrei hörten, versuchten sie, jeden Verdacht von sich abzulenken. Sie kamen aus ihrem Versteck hervor und stimmten ebenfalls aus Leibeskräften mit ein: „Haltet den Dieb!"

Bald schon jagte eine ganze Meute von Verfolgern hinter Oliver her, der voller Angst durch die Straßen hetzte. Endlich wurde er eingeholt und zu Fall gebracht. Von Schmutz bedeckt und blutüberströmt lag er da und starrte in die feindseligen Gesichter der Umstehenden.

Da drängte man den alten Herrn vor ihn hin.

„Ist er das?", fragte einer.

„Ja", sagte der Herr, „ich fürchte, das ist der Junge."

„Um den ist es nicht schade", murmelten einige.

„Armer Junge", sagte der Herr, „er hat sich wohl wehgetan?"

„Ich habe ihm eine versetzt", meldete sich einer. „Das hat ihn zu Fall gebracht, Sir."

Aber statt ihm das erwartete Trinkgeld zu geben, warf ihm der alte Herr nur einen bösen Blick zu.

Inzwischen war auch ein Polizist auf der Bildfläche erschienen. Er packte Oliver am Kragen und befahl ruppig: „He, du Gauner! Steh gefälligst auf!"

„Ich bin es doch nicht gewesen, Sir!", rief Oliver entsetzt.

„Du glaubst wohl, du kannst mich für dumm verkaufen! Vorwärts, Diebespack, jetzt geht's zur Wache!"

Mühsam erhob sich Oliver vom Boden und wurde am Kragen durch die Straße geschleift. Der alte Herr ging neben dem Polizisten her und eine Meute von Gassenjungen folgte johlend.

10. Kapitel

Handelt vom Polizeidirektor Mr Fang und gibt eine kleine Kostprobe seiner Amtsführung

Das Verbrechen war in nächster Nachbarschaft einer Polizeiwache begangen worden, sodass die Menge nur das Vergnügen hatte, Oliver durch zwei, drei Straßen zu begleiten. Durch eine Hintertür führte man den Jungen in einen gepflasterten Hof, wo ihm ein stämmiger Mann mit gewaltigem Bart und einem dicken Schlüsselbund entgegentrat.

„Was gibt's denn schon wieder?", fragte dieser mürrisch.

„Ein junger Taschendieb", antwortete der Polizist neben Oliver.

„Sind Sie der Bestohlene, Sir?", wandte sich der bärtige Mann an den alten Herrn.

„Ja. Aber ich kann nicht mit Sicherheit sagen, ob dies auch wirklich der Junge ist, der mich bestohlen hat. Ich möchte die Sache doch lieber auf sich beruhen lassen."

„Das geht nicht. Zuerst müssen Sie schon mit dem zuständigen Inspektor sprechen. Er wird gleich Zeit für Sie haben", sagte der Mann mit den Schlüsseln entschieden und fügte an Oliver gewandt hinzu: „Los, du kleiner Galgenstrick!"

Oliver musste daraufhin in eine kleine gemauerte Zelle treten, die der Beamte inzwischen aufgeschlossen hatte. Hier wurde er durchsucht und, obwohl man kein Diebesgut bei ihm fand, eingesperrt. Die Zelle war in Form und Größe einem Lichtschacht ähnlich, nur längst nicht so hell, und unsäglich dreckig, denn es war Montagfrüh und am Wochenende waren hier sechs Betrunkene untergebracht gewesen.

Der alte Herr seufzte betrübt. „Es liegt etwas in dem Gesicht des Jungen …“, murmelte er und rieb sich nachdenklich das Kinn. „Das Kind rührt mich. Vielleicht ist es ja ganz unschuldig. Außerdem erinnert es mich an irgendjemanden. Wenn ich nur wüsste, an wen …“

Er kam nicht dazu, weiter nachzudenken, denn nun wurde er zu Inspektor Fang geführt, wo er sich als Mr Brownlow vorstellte und seine Aussage machte. Er schloss mit den Worten: „Ich bin mir gar nicht sicher, ob der Junge der Dieb ist. Bitte haben Sie Nachsicht mit ihm, Herr Inspektor. Er hat sich ohnehin schon verletzt und sieht so aus, als ob es ihm nicht sonderlich gut geht.“

„Das wäre ja auch noch schöner, wenn's ihm hier gut ginge!“, rief Mr Fang grinsend. Dann wandte er sich an Oliver, den man inzwischen aus seiner Zelle herbeigeschafft hatte: „Also, Bursche, es nützt dir nichts, wenn du versuchst, hier Mitleid zu erregen. Wie heißt du?“

Oliver wollte antworten, aber die Kehle war ihm wie zugeschnürt. Er war leichenblass und um ihn drehte sich alles.

„Wie heißt du, du Schuft?“, fragte Mr Fang abermals. Er war ein ruppiger und cholerischer Mann und man sah ihm an, dass er jeden Moment vor Wut explodieren würde. Als Oliver immer noch nicht antwortete, wandte er sich an seinen Untergebenen, der die Aussagen zu protokollieren hatte. „Polizeidiener, wie heißt der Bursche?“

Der Polizeidiener, ein gutmütig aussehender, dicker alter Mann, beugte sich über Oliver und wiederholte die Frage. Doch er sah sofort, dass der arme Junge die Frage vor Entsetzen kaum verstand. Und weil er seinen Vorgesetzten gut genug kannte, um zu wissen, dass dieser einen Tobsuchtsanfall bekommen würde, wenn er nicht bald eine Antwort bekäme, erfand er kurzerhand eine passende und sagte: „Er sagt, dass er Tom White heißt, Euer Gnaden."

„Er kann wohl nicht so laut sprechen, dass man's hören kann, was?", rief Mr Fang. „Also gut, wo wohnt er?"

„Wo er gerade kann, Euer Gnaden", antwortete der Polizeidiener, wobei er wieder so tat, als hätte er die Antwort von Oliver bekommen.

„Hat er Eltern?"

„Er sagt, sie wären gestorben, als er noch klein war, Euer Gnaden", antwortete der Polizeidiener.

Als das Verhör einen Moment stockte, hob Oliver mit flehendem Blick den Kopf und bat matt um einen Schluck Wasser.

„Unsinn!", rief Mr Fang. „Stell dich nicht so an!"

„Ich glaube wirklich, er ist krank, Euer Gnaden", wandte der Polizeidiener ein.

„Was wissen denn Sie, halten Sie gefälligst den Mund", fuhr Mr Fang seinen Untergebenen an.

„Passen Sie auf", sagte Mr Brownlow an den Polizeidiener gewandt, „er wird gleich umfallen."

„Weg da, Polizeidiener!", schrie der Inspektor. „Soll der Bursche nur umfallen, wenn's ihm Spaß macht."

Oliver machte von dieser freundlichen Erlaubnis tatsächlich Gebrauch und stürzte ohnmächtig zu Boden.

Der Polizeidiener und die anderen Beamten, die im Raum waren, sahen einander an, wagten es aber nicht, Oliver gegen den Willen ihres Vorgesetzten zu Hilfe zu kommen.

„Ich hab doch gleich gesehen, dass er nur simuliert", triumphierte der Inspektor. „Lasst ihn liegen, er wird's bald satthaben. Wir verfahren in dieser Sache wie immer: Er bekommt drei Monate Zwangsarbeit. Und jetzt hinaus mit ihm."

Die Tür wurde geöffnet und man schickte sich bereits an, den bewusstlosen Oliver in seine Zelle zu tragen, als ein älterer Herr von anständigem, wenn auch ärmlichem Äußeren hastig in die Amtsstube stürzte und zum Pult des Inspektors eilte. „Warten Sie, bitte, warten Sie, führen Sie ihn nicht ab, um Gottes willen, warten Sie einen Augenblick!", rief der Neuankömmling atemlos.

Der Inspektor war ausgesprochen empört, sich schon wieder einem ungebetenen Gast gegenüberzusehen, der noch dazu jeden Respekt vermissen ließ. „Was soll das heißen?", brüllte er. „Werft den Kerl hinaus! Ich will hier meine Ruhe haben!"

„Ich will aber sprechen!", rief der Mann. „Und ich lasse mich nicht abweisen! Ich habe alles mit angesehen. Ich bin der Besitzer des Buchladens. Sie müssen mich anhören. Sie dürfen mir die Aussage nicht verweigern, Mr Fang."

„Nun, was haben Sie vorzubringen?", brummte der Inspektor ungnädig.

„Folgendes", begann der Buchhändler. „Ich sah drei Jungen, zwei andere und diesen hier. Sie lungerten auf der anderen Straßenseite herum, während dieser Gentleman hier ein Buch durchblätterte. Die beiden anderen Burschen haben den Diebstahl begangen. Dieser Junge hier war darüber ganz entsetzt."

„Und warum sind Sie nicht früher hergekommen?", fragte der Inspektor mürrisch.

„Ich hatte niemand, der inzwischen auf meinen Laden aufpassen konnte“, entschuldigte sich der Buchhändler. „Alle Leute sind doch wie besessen diesem Jungen hier nachgelaufen, um ihn einzufangen. Erst vor fünf Minuten konnte ich jemand auftreiben und den ganzen Weg bis hierher bin ich gelaufen.“

„Der Kläger war mit Lesen beschäftigt, nicht wahr?“, fragte Mr Fang nach abermaliger Pause.

„Jawohl. Das Buch hat er jetzt noch in der Hand“, war die Antwort.

„Dieses Buch also ... Wurde es denn bezahlt?“, meinte Mr Fang.

„Nein, noch nicht“, antwortete der Buchhändler lächelnd.

„Das hab ich in der Aufregung ja ganz vergessen!“, rief der zerstreute alte Mann erschrocken.

„Ein reizender Mensch – klagt stattdessen lieber einen kleinen Jungen an. Nun gut. Auf die Aussage des Buchhändlers hin ist der Junge freizusprechen.“

„Teufel auch!“, schrie der alte Herr nun verärgert. „Ich will ...“

Doch Mr Fang ignorierte den Einwand und ließ die Amtsstube umgehend räumen. Mr Brownlow und der Buchhändler wurden aus der Polizeiwache hinaus auf den Hof gedrängt. Der alte Herr war außer sich. Eine solche Behandlung war er nicht gewöhnt. Doch kaum war er im Hof, wich sein Zorn im Nu einer großen Sorge: Da lag der kleine Oliver Twist mit dem Rücken auf dem Pflaster. Man hatte ihm das Hemd aufgeknöpft und ihn mit Wasser begossen. Sein Gesicht war totenblass und ein kalter Schauer schüttelte seinen ganzen Körper.

„Armer Junge, armer Junge!“, rief Mr Brownlow und neigte sich über ihn. Dann sorgte er dafür, dass man augenblicklich eine Droschke holte und Oliver vorsichtig auf den Rücksitz legte. Gemeinsam mit dem Buchhändler stieg Mr Brownlow ebenfalls in den Wagen und die Droschke fuhr davon.

11. Kapitel

Oliver erfährt eine bessere Pflege als je zuvor und es ist die Rede von einem besonderen Gemälde

Die Kutsche ratterte von dannen und hielt nach längerer Fahrt vor einem hübschen Haus in einer stillen, schattigen Straße. Hier brachte Mr Brownlow seinen jungen Schützling sofort zu Bett. Von nun an erfuhr Oliver eine so liebevolle Behandlung wie noch nie zuvor in seinem Leben.

Oliver war wirklich schwer krank. Eine ganze Woche lang wurde er von Fieberträumen geplagt. Dann endlich schien das Schlimmste überstanden zu sein. Schwach, abgemagert und bleich richtete er sich in seinem Bett auf und sah sich ängstlich um.

„Wo bin ich?", fragte er.

Sofort trat eine mütterlich aussehende alte Dame an sein Bett und beugte sich über ihn. „Es ist alles in Ordnung, mein Kind", flüsterte sie. „Du musst dich ruhig verhalten, sonst wirst du wieder krank. Du warst schon dem Tode nahe und musst erst wieder zu Kräften kommen."

Dabei strich sie ihm das Haar aus der Stirn und sah ihm so liebevoll ins Gesicht, dass er unwillkürlich seine ausgezehrte Hand in die ihre legen und ihren Arm um seinen Hals schlingen musste.

Diese Geste trieb der alten Dame die Tränen in die Augen. Einen Moment blieb sie noch still am Bett stehen, tätschelte ihm die Wange und sagte ihm, er müsse sehr ruhig liegen, damit er nicht wieder krank werde. Dann brachte sie Oliver etwas zu trinken. Er war wirklich noch sehr erschöpft und verfiel schon bald wieder in einen tiefen Schlummer.

Drei Tage später hatte sich Oliver immerhin wieder so weit erholt, dass er in einem Lehnstuhl mit Kissen gut sitzen konnte. Die warmherzige alte Dame weinte vor Freude über diese Genesung. Oliver wusste inzwischen, dass sie Mrs Bedwin hieß und die Haushälterin des gütigen alten Mr Brownlow war, der ihn in seinem Haus aufgenommen hatte.

Mrs Bedwin setzte Oliver einen Teller mit heißer Brühe vor. Etwas so Gutes hatte er noch nie gegessen. Während er die Suppe löffelte, schaute er wie gebannt auf ein Bild, das ihm gegenüber an der Wand hing.

„Schaust du dir gerne Bilder an, mein Kind?", fragte die alte Dame.

„Ich weiß es nicht, Mrs Bedwin", sagte Oliver, ohne das Bild aus den Augen zu lassen. „Ich habe bisher nur selten eines betrachten können. Was für ein schönes, freundliches Gesicht die Dame dort hat. Wer ist das?"

„Ich weiß es nicht. Mr Brownlow hat das Bild schon, seit ich bei ihm bin. Sicher ist die Dame darauf schon längst tot."

„Ihr Gesicht ist so wunderschön. Sie schaut so betrübt. Und ich habe immer das Gefühl, als ob die Dame noch am Leben wäre und mit mir sprechen wollte, aber nicht könnte."

„Kind!", rief Mrs Bedwin erschrocken. „Fantasierst du etwa wieder? Du bist noch sehr angegriffen von deiner Krankheit. Ich will dir den Stuhl auf die andere Seite stellen, damit du das Bild nicht ständig anschauen musst."

Mrs Bedwin setzte ihr Vorhaben sogleich in die Tat um. Aber immer noch sah Oliver im Geiste das Bild vor sich, schwieg jedoch darüber, um der alten Dame keinen Kummer zu bereiten. Stattdessen löffelte er weiter seine Suppe.

Er war kaum mit dem Essen fertig, als es leise an die Tür klopfte und Mr Brownlow eintrat. Als er Oliver anschaute, machte er ein betroffenes Gesicht. Der Junge versuchte aufzustehen, um seinen Wohltäter zu begrüßen, sank aber vor Schwäche wieder in seinen Stuhl zurück.

„Armes Kind“, murmelte Mr Brownlow und räusperte sich, um seine Rührung zu verbergen. „Wie geht es dir denn, mein Kleiner?“, fragte er dann.

„Oh, ich bin so glücklich, Sir", antwortete Oliver. „Und ich bin Ihnen so von Herzen dankbar für Ihre Güte."

„Du bist ein guter Junge", sagte Mr Brownlow. „Haben Sie ihm denn auch etwas Gutes zu essen gegeben, Mrs Bedwin? Doch nicht etwa Wassersuppe?"

„Er hat soeben einen Teller schöne kräftige Fleischbrühe bekommen, Sir", antwortete Mrs Bedwin ein wenig gekränkt.

„Dann ist es ja gut. Bist du denn jetzt satt, Tom White?"

„Ich heiße Oliver Twist, Sir", antwortete der kleine Patient und sah Mr Brownlow erstaunt an.

„Seltsam!", rief der alte Herr. „Weshalb hast du denn dem Inspektor gesagt, dass du White heißt?"

„Das habe ich ihm nicht gesagt, Sir", antwortete Oliver verwirrt.

Mr Brownlow sah ihn einen Augenblick zweifelnd an. Doch Olivers Gesicht wirkte so offen, dass der alte Herr ihm glaubte. „Also ein Irrtum", brummte er. Dann sah er den Kleinen plötzlich wieder starr an.

„Sie sind doch nicht böse auf mich, Sir?", fragte Oliver schüchtern.

„Nein, nein!", rief der alte Herr. „Gott, was sehe ich", setzte er schnell hinzu. „Mrs Bedwin, schauen Sie doch nur!"

Dabei deutete er hastig auf das Porträt, das über Olivers Kopf hing. Und tatsächlich: Olivers Gesichtszüge und die der Dame auf dem Gemälde waren einander verblüffend ähnlich.

Oliver konnte sich die plötzliche Aufregung des alten Herrn nicht erklären. Aber sie erschreckte ihn, und erschöpft, wie er nach der langen Krankheit noch war, wurde er erneut ohnmächtig.

12. Kapitel

Widmet sich erneut dem liebenswürdigen alten Gentleman und seinen Zöglingen

Olivers Schwäche bietet nun die Möglichkeit, die Neugierde des Lesers zu befriedigen und über die beiden jungen Zöglinge des alten Fagin zu berichten: Sie hatten sich der Hetzjagd auf Oliver angeschlossen und waren dann unvermittelt in ein Gewirr von engen Gassen und Höfen abgebogen. Hier blieben sie atemlos in einer finsteren Toreinfahrt stehen, während die Meute weiter hinter dem vermeintlichen Dieb herhetzte.

Dann machten sie sich schleunigst auf den Weg zurück zu Fagin. Dieser saß gerade am Tisch, ein kleines Stück Brot und ein Würstchen in der Hand und einen Zinnkrug vor sich. Gespannt horchte er auf, als er die Stufen knarren hörte.

„Nun, was ist denn das?", murmelte er, als das Schlitzohr und Charley Bates eintraten. Er wurde leichenblass. Dann rief er drohend: „Ihr seid nur zu zweit? Wo ist Oliver?"

Die beiden Jungen blickten ihren Lehrmeister betreten an und schwiegen.

„Also, was ist passiert?" Fagin packte Jack wütend beim Kragen und schüttelte ihn. „Raus damit oder …"

„Erwischt haben sie ihn halt", sagte das Schlitzohr mürrisch. „Aber jetzt lass mich endlich los." Dabei riss er sich los, ergriff die Fleischgabel, die am Kamin lag, und machte einen Satz auf seinen Gegner zu.

Doch Fagin fuhr mit einer Schnelligkeit, die man ihm nicht zugetraut hätte, zurück, packte den Zinnkrug und warf diesen in Richtung des Angreifers.

In diesem Augenblick aber grollte eine tiefe Stimme: „Was ist denn hier los, zum Teufel? Wer schmeißt denn da nach mir?“

Der Krug hatte nämlich beinahe einen stämmigen Mann von etwa fünfunddreißig Jahren getroffen, der überraschend eingetreten war. Bekleidet war er mit einem Samtrock, weiten grauen Hosen und halbhohen Schnürstiefeln. Auf dem Kopf trug er einen braunen Hut und um den Hals ein schmutziges Tuch, mit dessen langen, ausgefransten Zipfeln er sich während seiner Worte das Bier, das ihm aus dem Krug ins Gesicht gespritzt war, abwischte. Dabei kam ein breites, plumpes Gesicht mit ein paar wilden Augen zum Vorschein, von denen das eine wahrscheinlich von einem jüngst erlittenen Schlag gelb und blau war.

Hinter dem Mann kam ein weißer, zottiger Köter mit Bissnarben am ganzen Körper in die Stube. „Nun aber ein bisschen flott, du verdammte Bestie!“, schimpfte der Neuankömmling. „Los, du verdammtes Vieh.“

Der Befehl wurde von einem Fußtritt begleitet, der den Hund ins andere Stubeneck beförderte, woraus sich dieser aber nicht viel zu machen schien. Er zwinkerte nur grimmig mit seinen böse dreinblickenden Augen und fing an, im Zimmer herumzuschnüffeln.

„Also, was ist los?“, brummte der Mann und setzte sich bedächtig nieder. „So, wie du deine Jungs behandelst, wundert's mich, dass sie dich nicht schon längst totgeschlagen haben.“

„Still, still, Mr Sikes", sagte Fagin zitternd. „Nicht so laut."

„Seit wann nennst du mich Mr Sikes? Du weißt doch, dass ich Bill heiße. Wenn du so höflich bist, hast du immer 'ne besondere Gemeinheit vor. Also hör auf mit dem Quatsch! Verrat mir lieber, warum hier Bierkrüge durch die Luft fliegen. Man könnte meinen, es sei schon alles ans Licht gekommen!"

„Bist du verrückt? Sei still!", fuhr Fagin auf, packte Sikes am Ärmel und deutete auf die beiden Jungen.

Sikes machte eine Geste, als lege er sich einen Strick um den Hals, und verlangte dann ein Glas Schnaps. „Aber kein Gift reinschütten", setzte er hinzu und legte seinen Hut auf den Tisch.

Während er einige Gläser hinunterkippte, ließ er sich ausführlich von Olivers Verhaftung erzählen.

„Hoffentlich plaudert er nichts aus!", jammerte Fagin. „Dann sind wir alle dran!"

Es trat eine lange Pause ein. „Wir müssen herausbekommen, was bei der Polizei passiert ist", sagte Sikes schließlich. „Wenn er nicht gesungen hat und jetzt eingesperrt ist, ist's weiter nicht gefährlich. Aber wenn er wieder draußen ist, müssen wir ihn sofort zu packen kriegen. So oder so."

Fagin nickte zustimmend. Der Rat war gut. Nur wagte sich keiner der vier in die Nähe der Polizeiwache. Verlegen blickten Fagin, Sikes, Jack und Charley einander an.

In diesem Augenblick traten die beiden jungen Damen ein, deren Bekanntschaft Oliver vor einigen Tagen gemacht hatte. Mit einiger Mühe überredeten Fagin und Sikes die eine der beiden, Nancy, dazu, zur Polizeiwache zu gehen.

Tatsächlich gelang es der jungen Dame dort, indem sie sich als Olivers ältere Schwester ausgab, einiges herauszubekommen: Oliver war freigesprochen und dann von Mr Brownlow, der offenbar ein Haus in einem Stadtviertel namens Pentonville hatte, mitgenommen worden.

„Wir müssen rauskriegen, wo er jetzt steckt!", rief der alte Fagin aufgeregt und schickte Charley und das Schlitzohr mit Nancy und ihrer Gefährtin Betsey los, den Vermissten zu suchen. Auch Sikes machte sich auf den Weg. Währenddessen packte Fagin seine Habseligkeiten – vor allem natürlich den Inhalt der Schatulle – zusammen. Sicherheitshalber wollte er sich einen anderen Unterschlupf suchen. Dorthin sollten seine Kumpanen Oliver bringen, wenn sie ihn aufgespürt hatten.

„Noch hat er nichts ausgeplaudert bei der Polizei", murmelte Fagin vor sich hin. „Wenn er aber den Leuten, bei denen er jetzt ist, etwas verrät, dann werden wir ihm schon den Mund stopfen."

13. Kapitel

Handelt von der merkwürdigen Prophezeiung eines gewissen Mr Grimwig über Olivers Botengang

Nachdem sich Oliver von seiner Ohnmacht erholt hatte, vermieden es Mr Brownlow und Mrs Bedwin, in seinem Beisein über das Bild zu sprechen.

„Ja", sagte die Haushälterin, als sie Olivers fragenden Blick bemerkte, „wie du siehst, hat man es entfernt. Mr Brownlow meinte, es könnte dich zu sehr aufregen."

So wurde das Bild also nicht mehr erwähnt. Es ging Oliver von Tag zu Tag besser und schon bald unterhielt er sich lebhaft mit Mrs Bedwin. Oder die beiden machten ein Kartenspiel, das die Haushälterin ihm beigebracht hatte. Es waren glückliche Tage für Oliver, diese Tage seiner Genesung. Mr Brownlow kaufte ihm sogar einen neuen Anzug, eine neue Mütze und ein Paar Stiefel.

Eines Abends, als Oliver und Mrs Bedwin wieder einmal plaudernd in der Küche beisammensaßen, kam das Dienstmädchen mit der Nachricht, Oliver solle Mr Brownlow in seinem Studierzimmer besuchen.

Wenige Minuten später klopfte Oliver an der Tür seines Wohltäters.

„Herein!", hörte er Mr Brownlows Stimme.

Oliver trat in ein ganz mit Büchern vollgestopftes Zimmer. Mr Brownlow saß an seinem Schreibtisch und forderte Oliver freundlich auf, näher zu kommen und Platz zu nehmen. Oliver gehorchte. Er wunderte sich, dass es Menschen gab, die so viele Bücher lesen konnten.

„Es ist eine recht große Bibliothek, nicht wahr, mein Junge?", fragte Mr Brownlow, als er Olivers neugierigen Blick auf die Regale bemerkte.

„Sehr, sehr viele Bücher, Sir", antwortete Oliver. „So viele habe ich noch nie gesehen."

„Du darfst sie lesen, wenn du brav bist. Aber jetzt müssen wir uns ernsthaft unterhalten."

„Oh bitte, sagen Sie nicht, dass Sie mich wegschicken wollen, bitte, bitte nicht, Sir!", rief Oliver bestürzt über den Ernst, mit dem der alte Herr begonnen hatte. „Schicken Sie mich nicht wieder auf die Straße hinaus, lassen Sie mich hierbleiben und Ihnen dienen. Schicken Sie mich nicht wieder an den schrecklichen Ort, wo ich hergekommen bin, haben Sie Mitleid mit mir, Sir."

„Liebes Kind", sagte Mr Brownlow, von der Innigkeit der Bitte ergriffen, „solange du mir nicht selbst Veranlassung dazu gibst, werde ich dich sicher nicht fortschicken."

„Das wird nie, nie der Fall sein, Sir", beteuerte Oliver.

„Wir wollen es hoffen", erwiderte der alte Herr. „Obwohl ich schon öfter von Leuten, denen ich nur helfen wollte, betrogen worden bin. Diejenigen, denen ich viel Gutes erwiesen habe, liegen bereits im Grab. Und auch das Glück und die Freude meines Lebens sind tot. Doch der Kummer hat mich bisher nur gestärkt und gebessert. Und zu dir, Oliver, habe ich Vertrauen. Nun erzähl mir aber deine Geschichte und wie du in die schlechte Gesellschaft geraten bist, in der ich dich fand. Sprich nur die Wahrheit und solange ich lebe, will ich dein Freund sein."

Eine Zeitlang konnte Oliver vor Schluchzen gar nicht reden. Er wollte eben beginnen, vom Armenhaus und von Mr Bumble zu erzählen, als es klopfte und das Dienstmädchen eintrat und den Besuch eines gewissen Mr Grimwig meldete.

Mr Brownlow lächelte und erklärte Oliver, Mr Grimwig sei ein alter Freund von ihm. Er habe zwar eine raue Schale, sei im Grunde seines Herzens aber herzensgut.

In diesem Augenblick trat der Besucher auch schon ein. Mit der einen Hand stützte er sich auf seinen Stock, in der anderen hielt er ein kleines Stückchen Orangenschale und knurrte verdrießlich: „Da, schauen Sie sich das an! Ist es nicht höchst verwunderlich, dass ich kein Haus betreten kann, ohne eines dieser Dinger auf der Treppe zu finden, an denen jeder Quacksalber seine helle Freude hat? So ein Ding hat mich zum Krüppel gemacht – und so ein Ding wird mich eines Tages auch ins Grab bringen. Das weiß ich ganz sicher. Wenn ich nicht recht habe, dann will ich auf der Stelle meinen Kopf aufessen." Bei diesen Worten stieß er seinen Stock heftig auf den Boden. „Nanu, wer ist denn das?", rief er gleich darauf, als er Oliver erblickte, und trat einen Schritt zurück.

„Der junge Oliver Twist, von dem ich Ihnen bereits erzählt habe", sagte Mr Brownlow.

Oliver verbeugte sich.

„Das ist doch nicht etwa der Junge, der das Fieber hatte, was?", fragte Mr Grimwig und wich noch weiter zurück. „Sicher war er es, der die Orangenschale weggeworfen hat. Wenn er es nicht gewesen ist, dann will ich auf der Stelle meinen Kopf aufessen und den seinigen dazu."

„Nein, nein, er kann es nicht gewesen sein", sagte Mr Brownlow lachend. „Kommen Sie nur, nehmen Sie den Hut ab und sprechen Sie ein paar Worte mit meinem kleinen jungen Freund."

„Sie wissen, die Sache mit den Orangenschalen erregt mich immer sehr stark“, entschuldigte sich der streitbare alte Herr und zog seine Handschuhe aus. „Immer liegen Orangenschalen auf der Straße herum. Wahrscheinlich ist es der Laufbursche des Wundarztes an der Ecke, der sie immer dorthin wirft. Gestern Abend ist noch ein junges Mädchen auf einem Stück ausgerutscht und gegen meinen Gartenzaun gefallen, und da sah ich, wie sie zu dem Schild dieses verdammten Kurpfuschers hinüberschaute. ‚Gehen Sie nicht zu ihm!‘, rief ich ihr aus dem Fenster zu. ‚Er ist ein Mörder, ein Menschenfänger!‘ Jawohl, das ist er und nichts anderes. Falls nicht, dann will ich ...“ Abermals stieß der reizbare Mr Grimwig seinen Stock auf den Boden, was gleichbedeutend mit dem üblichen Angebot war, seinen Kopf aufzuessen, wenn er es einmal nicht in Worte fasste.

Dann setzte er sich, den Stock immer noch in der Hand, auf einen Sessel, hielt sich seine Sehhilfe, die an einem breiten, schwarzen Band befestigt war, vor die Augen und musterte Oliver eingehend, der dabei puterrot wurde.

„Das also ist der Junge, nicht?“, fragte Mr Grimwig schließlich.

„Ja, das ist er“, sagte Mr Brownlow.

„Wie geht es dir, mein Junge?“, fragte Mr Grimwig.

„Oh, schon viel besser, Sir, Danke schön“, antwortete Oliver.

Da Mr Brownlow zu befürchten schien, sein sonderbarer Freund würde gleich etwas Unangenehmes sagen, befahl er Oliver, er solle zu Mrs Bedwin hinuntergehen, um ihr auszurichten, dass man auf den Tee warte.

„Er ist ein netter kleiner Kerl, nicht wahr?“, fragte Mr Brownlow, als Oliver draußen war.

„Kann ich nicht behaupten. Wahrscheinlich hat er lauter schlechte Eigenschaften", erwiderte Mr Grimwig mürrisch.

In Wirklichkeit fand Mr Grimwig Oliver durchaus sympathisch. Aber er besaß einen starken Widerspruchsgeist und wollte seinen alten Freund ein wenig reizen. Und als Mr Brownlow gestand, er wisse bis jetzt noch nichts Genaueres über Oliver, fragte Mr Grimwig hämisch, ob denn Mrs Bedwin auch immer abends das Silberzeug zähle. Denn wenn sie nicht eines schönen Morgens ein paar Suppenlöffel vermisse, dann wolle er auf der Stelle – und so weiter.

Gut gelaunt hörte sich Mr Brownlow all das an, denn er kannte seinen alten Freund und wusste ihn zu nehmen.

Gemeinsam mit Oliver, der inzwischen zurückgekommen war, tranken die beiden Herren Tee. Mr Grimwig zeigte sich dabei überraschend gnädig, sodass sich auch Oliver in Gegenwart des grimmigen alten Herrn wohler fühlte, als er es kurz zuvor für möglich gehalten hätte.

„Wann gedenken Sie also Oliver Twist ausführlich über sein Leben und seine Abenteuer auszuhorchen?", fragte Mr Grimwig schließlich mit einem Seitenblick auf Oliver.

„Morgen früh. Da sind wir unter uns. Komm also morgen früh um zehn Uhr zu mir herauf, lieber Junge."

„Gewiss, Sir", erwiderte Oliver zögerlich, da ihn die durchbohrenden Blicke von Mr Grimwig verunsicherten.

„Ich will Ihnen etwas sagen", flüsterte der alte Herr Mr Brownlow zu. „Der Junge wird morgen früh nicht zu Ihnen heraufkommen. Ich habe genau gesehen, wie er gezögert hat. Der Bursche hintergeht Sie, lieber Freund."

„Gewiss nicht, darauf könnte ich einen Eid leisten!", rief Mr Brownlow überzeugt.

„Wenn er's nicht tut", widersprach Mr Grimwig, „dann will ich auf der Stelle …" Wieder stieß er heftig mit dem Stock gegen den Boden.

„Ich würde mein Leben darauf verwetten, dass Oliver ein ehrlicher Bursche ist", sagte Mr Brownlow und schlug auf den Tisch.

„Und ich meinen Kopf, dass er ein hinterlistiger Kerl ist", fuhr Mr Grimwig auf und schlug seinerseits auf den Tisch.

„Sie werden's ja sehen", meinte Mr Brownlow.

„Jawohl, wir werden's sehen", höhnte Mr Grimwig mit einem herausfordernden Grinsen.

In diesem Augenblick brachte Mrs Bedwin ein kleines Paket Bücher herauf, die Mr Brownlow am Morgen in jenem Bücherladen gekauft hatte, vor dem ihm das Taschentuch gestohlen worden war.

„Lassen Sie den Laufburschen unten warten, Mrs Bedwin", befahl Mr Brownlow. „Er soll gleich einige Bücher wieder mitnehmen."

„Er ist schon fort, Sir."

„Das ist unangenehm", sagte Mr Brownlow. „Die Bücher müssen unbedingt heute noch zum Händler zurück."

„So schicken Sie doch Oliver", riet Mr Grimwig mit ironischem Lächeln. „Er bringt sie sicher pünktlich und unversehrt wieder zurück, nicht wahr?"

„Ja, lassen Sie mich die Bücher wegbringen, Sir", erbot sich Oliver.

Mr Brownlow wollte schon protestieren, aber da Mr Grimwig gar so boshaft lächelte, gab er nach, um ihm zu beweisen, dass er Oliver Unrecht tat.

„Du bringst also diese Bücher zurück", trug Mr Brownlow ihm auf. „Dafür bezahlst du die vier Pfund, die ich schuldig bin. Hier hast du eine Fünfpfundnote. Ich bekomme also ein Pfund zurück."

„Ich bin in zehn Minuten wieder hier", antwortete Oliver eifrig, steckte die Banknote in die Tasche, nahm die Bücher unter den Arm, verbeugte sich und ging. Mrs Bedwin begleitete ihn bis zur Haustür und gab ihm dort noch allerhand Anweisungen, welches die nächste Straße sei, wie der Buchhändler heiße und so weiter, bis Oliver sagte, er habe alles begriffen. Schließlich schärfte sie ihm noch ein, er solle sich ja nicht erkälten, und entließ ihn endlich.

„So ein liebes, gutes Gesicht hat er", sagte die alte Dame zu sich. „Ich kann's gar nicht übers Herz bringen, ihn aus den Augen zu lassen."

In dieser Sekunde blickte sich Oliver fröhlich um und nickte ihr zu, ehe er um die Ecke bog. Die alte Dame erwiderte lächelnd seinen Gruß und ging ins Haus zurück.

„Passen Sie auf – in spätestens zwanzig Minuten wird er wieder hier sein", sagte Mr Brownlow, nahm seine Uhr aus der Tasche und legte sie auf den Tisch. „Bis dahin wird's schon dunkel sein."

„Sie glauben also wirklich, dass er wiederkommt?", fragte Mr Grimwig höhnisch.

„Sie etwa nicht?"

„Nein", sagte dieser und schlug mit der Faust auf den Tisch. „Der Junge hat einen neuen Anzug, ein Paket wertvoller Bücher unter dem Arm und eine Fünfpfundnote in der Tasche. Er wird sich sofort zu seinen alten Freunden gesellen und sich über Sie lustig machen. Wenn der wieder zurückkommt, dann will ich auf der Stelle meinen Kopf ..." Dabei zog er seinen Stuhl näher an den Tisch.

So saßen die beiden alten Herren dort in stummer Erwartung, ob Oliver zurückkommen würde oder nicht.

Es wurde immer dunkler und die Zahlen auf dem Zifferblatt waren kaum mehr zu unterscheiden. Nach wie vor saßen die beiden alten Herren schweigend da, die Uhr vor sich auf dem Tisch.

14. Kapitel

Zeigt die liebevolle Zuneigung von Miss Nancy und dem alten Fagin gegenüber Oliver

Im düsteren Gastraum einer schmutzigen Kaschemme, in den selbst im Sommer kaum ein Sonnenstrahl drang, saß ein Mann brütend über einem Zinnkrug und einem kleinen Glas, das stark nach Schnaps roch. Ein erfahrener Kriminalist hätte diesen Mann selbst bei dieser Finsternis sofort erkannt. Es war Bill Sikes.

Lange Zeit zum Grübeln blieb ihm jedoch nicht, denn schon bald traten erst der alte Fagin und dann Nancy ein, die sich auf der Polizeiwache als Olivers Schwester ausgegeben hatte.

„Na, bist du ihm auf der Spur, Nancy?", forschte Sikes und schob ihr ebenfalls ein Glas Schnaps hin.

„Natürlich", erwiderte die junge Dame und leerte das Glas in einem Zug. „Der Lausebengel ist krank gewesen und …"

„Bravo, Nancy!", jubelte Fagin. Zugleich aber zog er seine buschigen Augenbrauen zusammen und warf Nancy einen raschen Blick zu, woraufhin sie das Gespräch geschickt auf ein anderes Thema lenkte.

Nach ungefähr zehn Minuten wurde Fagin von einem Husten befallen. Und als ob das ein Zeichen wäre, erhob sich Nancy und sagte, sie müsse jetzt gehen. Sofort stand auch Sikes auf und sagte, er werde sie ein Stück begleiten. So gingen sie, gefolgt von Sikes' Köter, zusammen fort.

Kaum waren sie draußen, da schlich Fagin auch schon zur Tür. Aufmerksam spähte er den beiden nach. Dann ballte er die Faust, murmelte einen dumpfen Fluch und setzte sich schließlich wieder an den Tisch, wo er einen Schnaps nach dem anderen trank und dabei aufmerksam die Steckbriefe in der Zeitung studierte.

Inzwischen befand sich Oliver auf dem Weg zur Buchhandlung. Er ahnte nicht, dass Fagin gar nicht weit entfernt Schnaps trinkend in einer Kneipe saß. Ganz vertieft in Gedanken über das große Glück, das ihm so unverhofft zuteilgeworden war, eilte er durch die Gassen.

Plötzlich schreckte ihn der gellende Ruf einer Frauenstimme auf: „Oh, da ist er ja, mein lieber kleiner Bruder!"

Bis ins Innerste erschrocken, fuhr Oliver zusammen. Da schlang sich auch schon ein Paar Arme um seinen Hals und hielt ihn fest.

„Lassen Sie mich los!", schrie Oliver und versuchte sich loszureißen. „Lassen Sie mich los! Wer sind Sie überhaupt?"

Doch statt einer Antwort rief die junge Frau, die ihn umklammert hielt: „Hab ich dich endlich gefunden! Sofort kommst du mit nach Hause, du Lausejunge!"

Und als einige Passanten stehen blieben und sich erkundigten, was denn los sei, antwortete sie: „Vor vier Wochen ist er unseren Eltern weggelaufen und hat sich mit üblem Gesindel eingelassen. Meiner Mutter hat es fast das Herz gebrochen."

„Elender Lausbub!", schimpfte eine Frau.

„Dann marsch, ab nach Haus mit dir, du ungeratener Bengel!", zeterte eine andere.

„Das ist doch alles nicht wahr!", rief der Junge in großer Angst. „Ich kenne die Frau gar nicht. Ich habe keine Schwester und auch keine Eltern."

„Sehen Sie nur, wie frech er geworden ist", sagte die junge Dame und wandte sich dabei an die Umstehenden.

„Aber Sie sind ja Nancy!", empörte sich jetzt Oliver, der ihr zum ersten Mal ins Gesicht sah und erstaunt zurückfuhr.

„Na, da hören Sie, dass er mich kennt", sagte Nancy. „Bitte, helfen Sie mir doch, dass er mit mir kommt. Sonst bringt er unsere verzweifelten Eltern noch ins Grab!"

„Was zum Teufel ist denn hier los?", mischte sich plötzlich ein Mann ein. „Das ist doch Oliver! Geh heim zu deiner armen Mutter, du kleiner Nichtsnutz!"

„Hilfe, Hilfe, ich kenne die beiden doch gar nicht!“, schrie Oliver und wehrte sich dabei aus Leibeskräften.

„Hilfe“, wiederholte Sikes – denn niemand anderes war dieser Mann, der, gefolgt von einem weißen Hund, kurz zuvor aus einer Schenke getreten war und sich eingemischt hatte. „Ich werd dir schon helfen, du kleiner Schurke. Was hast du da für Bücher? Wohl geklaut, was? Her damit!“ Mit diesen Worten riss er Oliver die Bücher aus den Händen und versetzte ihm einen Schlag auf den Kopf.

„Bravo!“, jubelten die Zuschauer. „So muss man mit solchen Bengeln umgehen!“

Noch geschwächt von der eben erst überstandenen Krankheit, betäubt von dem Schlag, erschreckt durch das wütende Knurren des Hundes und die Rohheit des Mannes und entmutigt durch den Argwohn der Umstehenden – was sollte der Junge da schon tun?

So ergab sich Oliver seinem Schicksal und ließ sich von dannen schleifen. Seine wenigen Hilferufe verhallten ungehört.

Inzwischen war es vollkommen dunkel geworden. Die Gaslampen brannten und Mrs Bedwin war voller Unruhe über Olivers langes Ausbleiben. Oben in der Studierstube saßen die beiden alten Herren, die Uhr zwischen sich auf dem Tisch, und warteten und warteten.

15. Kapitel

Erzählt von Olivers Werdegang, nachdem ihn Nancy unter ihre Fittiche genommen hat

Die engen Straßen und Gässchen mündeten in einen großen freien Platz mit behelfsmäßigen Tierstallungen. Offenbar fand hier gerade ein Viehmarkt statt. Sikes verlangsamte seinen Schritt. Barsch wandte er sich an Oliver und befahl ihm, Nancy die Hand zu geben.

„Verstanden?", schrie er, als Oliver zögerte.

Sie befanden sich in einem finsteren, abgelegenen Stadtteil und Oliver begriff sofort, dass jeder Widerstand zwecklos war. So gab er Nancy die Hand, die ihn fest am Handgelenk packte.

„Gib mir die andere", befahl Sikes und ergriff Olivers freie Hand. „Bull's Eye, hierher!"

Der Hund knurrte.

„Wenn der aufmuckt, packst du ihn an der Gurgel!"

Der Hund knurrte wieder, leckte sich die Schnauze und beobachtete Oliver, als könnte er es gar nicht erwarten, ihm an die Kehle zu gehen.

Die Nacht war finster und neblig. Die Lichter aus den Schaufenstern konnten sich kaum durch den schweren Nebel kämpfen, der von Augenblick zu Augenblick dichter wurde und schließlich Häuser und Straßen in einen düsteren Schleier hüllte, was die Gegend für Oliver noch bedrückender erscheinen ließ.

Nach etwa einer halben Stunde bogen sie in eine schmutzige, schmale Gasse ein, in der sich ein Trödlerladen neben den anderen reihte. Der Hund lief voraus und blieb vor der Tür eines dieser Läden stehen. Das Haus war halb verfallen und auf einem Brett stand in ungelenken Buchstaben, dass der Laden zu vermieten sei.

Nancy bückte sich und schien hinter die Fensterläden zu greifen. Gleich darauf hörte man das Läuten einer Glocke. Dann gingen sie auf die andere Straßenseite hinüber und blieben dort unter einer Laterne stehen. Es hörte sich an, als ob ein Schiebefenster langsam nach oben geschoben würde. Bald darauf ging ebenso leise eine Türe auf. Sikes packte Oliver kurzerhand am Kragen und eine Sekunde später standen alle drei im Inneren des Hauses. Es war stockfinster.

„Ist jemand hier?“, fragte Sikes.

„Nein“, antwortete eine Stimme, die Oliver merkwürdig bekannt vorkam.

„Ist der Alte drin?“

„Ja“, antwortete die Stimme. „Wird sich höllisch freuen, dass ihr kommt.“

Sie schritten durch eine leere Küche und betraten dann eine niedrige, modrig riechende Stube, die in einen kleinen Hinterhof hinauszugehen schien.

Schallendes Gelächter begrüßte sie. „Juhu“, jubelte Charley Bates, „da ist er! Schaut nur, ist das ein Spaß! Haltet mich, ich zerspringe vor Lachen.“ Als er fertig gelacht hatte, steuerte er auf Oliver zu. Während er einmal um ihn herumging, unterzog er ihn einer sorgfältigen Musterung. Fagin machte währenddessen vor dem verdutzten Oliver eine spöttische Verbeugung. Das Schlitzohr, das bisher ernst geblieben war, räumte unterdessen sorgfältig Olivers Taschen aus.

„Was der jetzt für edlen Zwirn anhat, Fagin", sagte Charley und hielt die Kerze so dicht an Olivers neuen Anzug, dass er diesen fast versengte. „Allerfeinstes Tuch und nach der neuesten Mode. Und Bücher hat er auch dabei. Der reinste Gentleman!"

„Ja, ich bin entzückt, Sie so wohlauf wiederzusehen, hochverehrter Herr", höhnte Fagin und machte grinsend einen Diener nach dem anderen. „Das Schlitzohr wird Ihnen einen anderen Anzug geben, damit Sie sich die vor-

nehmen Sonntagskleider nicht schmutzig machen. Sie hätten uns von Ihrer erfreulichen Ankunft schriftlich benachrichtigen sollen. Dann hätten wir Ihnen selbstverständlich ein warmes Abendessen bereitet."

Fagin und Konsorten hätten sicher noch eine Weile gespottet, wenn Jack in diesem Augenblick nicht die Fünfpfundnote aus Olivers Tasche gezogen hätte, die der gute Mr Brownlow ihm mitgegeben hatte.

„Hallo, was haben wir denn da?", rief Sikes und trat vor, während Fagin bereits nach dem Schein griff. Nach einem kurzen, erbitterten Streit entriss er dem Alten die Banknote, faltete sie zusammen und knöpfte sie in sein Halstuch. „Die Bücher kannst du meinetwegen behalten, wenn du sie lesen willst. Du kannst sie aber auch verkaufen."

„Sind das deine Bücher, Oliver?", fiel Charley Bates ein, schnitt eine Grimasse und tat, als lese er in einem der Bände. Als er den entsetzten Blick bemerkte, mit dem Oliver ihn ansah, verfiel er wieder in einen Lachkrampf.

„Die Bücher gehören dem alten Herrn", jammerte Oliver händeringend. „Dem gütigen Mann, der mich zu sich genommen und mich gepflegt hat, als ich krank war. Bitte, schicken Sie ihm die Bücher und das Geld. Behalten Sie mich mein ganzes Leben lang hier, aber bitte schicken Sie ihm alles wieder zurück. Sonst werden er und die alte Dame, die so gut zu mir waren, denken, ich hätte sie gestohlen."

„Da hat der Kleine recht", lobte Fagin und zog die Augenbrauen zusammen. „Natürlich werden sie denken, dass du die Sachen gestohlen hast!" Er kicherte und rieb sich die Hände. „Das ist fein! Wir hätten keinen besseren Zeitpunkt treffen können."

„Natürlich hätten wir's nicht besser treffen können", fiel Sikes ein. „Ich hab's mir doch gleich gedacht, als ich ihn so mit den Büchern unterm Arm durch die Straßen hab laufen sehen. Diese Leute tragen sicher einen Heiligenschein, sonst hätten sie ihn gar nicht aufgenommen. Wahrscheinlich werden sie der Sache nicht einmal nachgehen, weil sie Angst haben, dass sie ihn sonst bei der Polizei anzeigen müssen."

Verstört hatte Oliver von einem zum anderen geblickt, als traue er seinen Ohren nicht. Dann aber sprang er plötzlich auf und rannte entsetzt aus der Stube. Dabei schrie er so laut um Hilfe, dass das marode alte Haus bis hinauf zum Giebel widerhallte.

„Halt den Köter zurück!", schrie Nancy und klammerte sich an Sikes, während Fagin mit den beiden Jungen hinter Oliver herlief. „Halt den Hund zurück, Bill, er reißt ihn in Stücke!"

„Geschieht ihm nur recht", höhnte Sikes. „Lass los oder ich schlag dir den Schädel ein!"

„Mir alles gleich, Bill, ich fürchte mich nicht!", schrie Nancy und rang heftig mit Sikes. „Lieber lass ich mich selbst umbringen, ehe du den Hund auf ihn hetzt."

Sikes aber war zu stark für die arme Nancy. Er schleuderte sie von sich, dass sie bis in den hintersten Winkel der Stube flog.

In diesem Augenblick kam Fagin mit den beiden Jungen zurück. Sie schleppten Oliver hinter sich her.

„Was gibt's denn hier schon wieder?", fragte er.

„Das Weib ist wahnsinnig geworden", brummte Sikes.

„Von wegen", sagte Nancy leichenblass und atemlos.

„Ach, halt doch dein Maul, du Schlampe!", brüllte Fagin.

„Fällt mir ja nicht im Traum ein", antwortete Nancy laut. „Von dir lass ich mir gar nichts sagen, Fagin."

Fagin setzte den Streit nicht weiter fort, sondern wandte sich lieber Oliver zu. „Weglaufen wollte er, der Kleine, was?", sagte er und griff nach einem knotigen Stock, der in der Ecke neben dem Kamin stand.

Oliver gab keine Antwort. Er ahnte nur zu gut, was Fagin vorhatte, und keuchte, ohne ein Wort hervorzubringen.

„Und um Hilfe hat er gerufen, was? Die Polizei hat er holen wollen, ist es nicht so?", höhnte Fagin und packte Oliver am Arm. „Warte nur, das werden wir dir austreiben, junger Mann." Wuchtig schlug er Oliver mit dem Knotenstock auf den Rücken und holte zu einem zweiten Hieb aus.

Doch da stürzte sich Nancy auf Fagin, riss ihm den Stock aus der Hand und schleuderte ihn mit solcher Wucht in die Kohlenglut, dass die Funken nur so stoben. „Ich dulde das nicht, Fagin!", schrie sie gellend. „Du hast ihn wieder und damit genug. Lass ihn los oder ich mach dich fertig."

Sie war so rasend vor Wut, dass auch der letzte Rest von Farbe aus ihrem Gesicht gewichen war.

„Mein Gott, Nancy!", rief Fagin bestürzt und starrte Sikes ratlos an. „Was soll der Aufstand?"

Es gibt nur wenige Männer, die sich trauen, eine vor Wut rasende Frau noch weiter zu reizen. Auch Fagin lenkte ein. Er wich ein paar Schritte zurück und warf Sikes einen ratlosen Blick zu.

„Was soll das heißen?", schrie Sikes daraufhin Nancy an. „Du scheinst nicht zu wissen, wer und was du bist."

„Oh doch, das weiß ich sehr gut", erwiderte Nancy, lachte hysterisch auf und schüttelte mit geheuchelter Gleichgültigkeit den Kopf.

„Also, dann halt's Maul", knurrte Sikes, „oder ich werd's dir für die nächste Zeit stopfen. Ausgerechnet du willst dich hier als Menschenfreundin aufspielen! Du bist wirklich eine famose Freundin und Beschützerin für den Burschen, hahaha!"

„Ja, bei Gott, das bin ich!", rief Nancy aufgebracht. „Ich wollte, man hätte mich heute totgeschlagen auf der Straße, ehe ich mich dazu hergegeben hab, den armen Kerl einzufangen. Von jetzt ab ist er ein Dieb, ein Lügner und alles, was schlecht und böse ist. Ist das nicht genug für den alten Halunken? Auch noch schlagen will er ihn!"

„Ruhig, Bill, nur ruhig", beschwichtigte der Alte seinen Kumpel Sikes mit einem Blick auf die Jungen. „Wir müssen vernünftig und freundlich mit ihr reden."

„Ja, sicher – vernünftig und freundlich!", rief Nancy mit vor Leidenschaft und Wut verzerrtem Gesicht. „Verdient hätte ich's freilich, du Schuft. Hab ich nicht schon gestohlen für dich, als ich noch ein Kind war, nicht halb so alt wie der da?" Sie deutete auf Oliver. „Und jetzt bin ich schon zwölf Jahre bei dir und deinem Gesindel, oder?"

„Schon, hast ja recht", versuchte Fagin sie zu beruhigen. „Und, hast du nicht ein gutes Leben gehabt dabei?"

„Ha, ein gutes Leben!", stieß Nancy hervor. „Auf den kalten Straßen war ich zu Haus. Du hast mich als Kind hinausgejagt und dort werde ich mich herumtreiben müssen Tag und Nacht, bis ich krepiere."

Voller Wut sprang sie auf Fagin los und wer weiß, was geschehen wäre, hätte Sikes sie nicht noch rechtzeitig an den Handgelenken erwischt. Vergeblich rang sie eine Weile mit ihm, dann verlor sie die Besinnung und fiel zu Boden.

„Na, jetzt ist sie jedenfalls still“, brummte Sikes und schleppte sie in eine Ecke des Raumes. „Was diese Weibsbilder für eine unglaubliche Kraft haben, wenn sie sich mal in ihre Wut hineinsteigern.“

Fagin wischte sich den Schweiß von der Stirn und lächelte sichtlich befreit bei dem Gedanken, dass der Streit vorläufig zu Ende war. Dann wurde Oliver ins Bett geschickt. Charley Bates zeigte ihm seine Kammer. Dort musste Oliver die schönen neuen Kleider, die er von Mr Brownlow bekommen hatte, ausziehen. Charley warf ihm die alten Lumpen hin, die Oliver schon im Armenhaus getragen hatte. Dann rollte er den sauberen Anzug zusammen, nahm ihn unter den Arm, verließ die Kammer und schloss die Tür hinter sich ab. Trotz seiner Verzweiflung sank Oliver, krank und erschöpft, wie er war, bald in einen tiefen Schlummer.

16. Kapitel

Olivers Schicksal bleibt ungünstig und führt einen Mann nach London, der seinem Ruf schadet

Eines Morgens, es war gerade einmal sechs Uhr, bestieg Mr Bumble die Postkutsche nach London, um zwei Arme, die nicht zur Gemeinde gehörten, fortzubringen. Denn, so hatte man sich in der Gemeindeverwaltung gedacht, wenn diese beiden, die zu allem Überfluss auch noch krank waren, aus der Hauptstadt stammten, dann sollte man auch dort für ihren Unterhalt und ihre sicher nicht mehr allzu ferne Beerdigung aufkommen.

Obwohl Mr Bumble streng darauf achtete, dass die beiden Armen sich ordentlich benahmen, konnte er doch nicht verhindern, dass sie in ihrer Frechheit immerfort mit den Zähnen klapperten und vor Kälte wimmerten. Mr Bumble, der sich in seinen warmen Wintermantel gehüllt hatte, konnte eine solch übersteigerte Empfindlichkeit überhaupt nicht begreifen.

Als er in London angelangt war und die beiden ihm Anvertrauten ordnungsgemäß abgeliefert hatte, begab er sich unverzüglich in ein Gasthaus und genehmigte sich dort ein bescheidenes Mahl aus einigen Steaks mit Austernsauce und einem großen Krug Bier. Anschließend machte er es sich mit einem Gläschen Grog am Kamin bequem und vertiefte sich in die in der Gaststube ausliegende Londoner Zeitung.

Er hatte die Zeitung kaum aufgeschlagen, da fiel sein Blick auf folgende Anzeige:

Fünf Pfund Belohnung

Am vergangenen Donnerstag ist ein Knabe namens Oliver Twist von seinem Heim in Pentonville weggelaufen oder entführt worden. Oben genannte Belohnung fällt demjenigen zu, der Auskunft geben kann, wo und wie besagter Junge aufzufinden ist, oder jedwede Mitteilung zu machen imstande ist, die Licht auf seine frühere Lebensgeschichte werfen kann, an der der Einsender dieser Anzeige in höchstem Maße interessiert ist.

Dann folgte eine genaue Beschreibung von Olivers Aussehen und Kleidung, seiner Größe und dergleichen, nebst Mr Brownlows Anschrift.

Mr Bumble riss die Augen auf, las die Annonce noch einmal und machte sich dann augenblicklich auf den Weg zu der angegebenen Adresse.

„Ist Mr Brownlow zu Hause?", fragte er atemlos das Dienstmädchen, als es ihm die Tür öffnete. Das Mädchen gab eine ausweichende Antwort, aber kaum hatte Mr Bumble Olivers Namen genannt, als Mrs Bedwin, die an ihrer Zimmertür gehorcht hatte, atemlos herausstürzte und ihn hereinbat. Mr Bumble wurde in die Studierstube geführt, wo Mr Brownlow mit seinem Freund Mr Grimwig zusammensaß.

„Aha, ein Gemeindediener, ich will auf der Stelle meinen Kopf aufessen, wenn ich mich irre", war der erste Satz, den Mr Bumble hörte. Dann nahm er Platz, ein wenig aus der Fassung gebracht durch das Benehmen Mr Grimwigs. Mr Brownlow stellte die Lampe so, dass er das Gesicht des Besuches genau sehen konnte, und fragte ungeduldig: „Sie kommen wahrscheinlich aufgrund der Annonce in der Zeitung, nicht wahr?“

„Jawohl, Sir“, sagte Mr Bumble.

„Wissen Sie, wo sich der arme Junge befindet?“

„So wenig wie Sie oder sonst jemand“, erwiderte Mr Bumble.

„Na, also was wissen Sie dann von ihm?“

Mr Bumble legte seinen Hut weg, knöpfte den Rock auf, verschränkte die Arme, neigte nachdenklich das Haupt und begann dann, nachdem er eine Weile tief in Gedanken versunken zu Boden geblickt hatte, mit seinem Bericht.

Seine Erzählung dauerte ungefähr zwanzig Minuten. So erfuhren Mr Brownlow und Mr Grimwig, dass Oliver ein Findelkind war und von armen, dem Laster verfallenen Leuten abstammte, dass er von Geburt an nichts als Hinterlist, Bosheit und Undankbarkeit gezeigt habe und dass er schließlich sogar seinen Mitlehrling, einen harmlosen Jungen, zu ermorden versucht habe und dann seinem Meister davongelaufen sei.

„Ich fürchte, das ist alles nur zu wahr“, sagte Mr Brownlow sorgenvoll. „Fünf Pfund sind wohl nicht zu viel für Ihre Auskünfte, aber gern hätte ich das Dreifache gegeben, würden sie für Oliver günstig gelautet haben.“

Hätte Mr Bumble das zuvor geahnt, so hätte sein Bericht wahrscheinlich ein wenig anders geklungen. Aber jetzt war es zu spät. Ernst und feierlich schüttelte er daher das Haupt, steckte die fünf Pfund ein und zog ab.

Eine Weile schritt Mr Brownlow unruhig und bekümmert im Zimmer auf und ab und schien so traurig, dass selbst Mr Grimwig sich nicht traute, ihn zu verhöhnen. Endlich blieb er stehen und riss heftig an der Klingelschnur.

„Mrs Bedwin“, sagte er, als die Haushälterin erschien, „Oliver, denken Sie nur, ist ein Betrüger gewesen.“

„Das kann nicht sein, Sir. Unmöglich“, antwortete die Dame mit großer Entschiedenheit.

„Ich sage Ihnen aber: Es ist so!“, erwiderte der alte Herr. „Ich habe soeben einen genauen Bericht über seine Lebensführung von seiner Geburt an gehört und vom Säuglingsalter an ist er ein Tunichtgut gewesen.“

„Das werde ich mein ganzes Leben lang nicht glauben, Sir“, sagte die alte Dame fest und bestimmt. „Niemals!“

„Na ja, alte Weiber glauben eben nur Quacksalbern und verlogenen Märchenerzählern“, brummte Mr Grimwig.

Empört warf die alte Dame den Kopf zurück und wollte eben zu einer flammenden Verteidigungsrede für Oliver ansetzen.

„Genug jetzt“, befahl Mr Brownlow, der versuchte, seine Traurigkeit zu überspielen, indem er sich ärgerlich gab. „Ich will den Namen des Jungen nie wieder hören.“

17. Kapitel

Worin ein höchst bemerkenswerter Plan erörtert und beschlossen wird

Am nächsten Tag, als alle anderen das Haus verlassen hatten, hielt Fagin Oliver eine lange Predigt über die Sünde der Undankbarkeit: „Wir sind doch deine Freunde und zutiefst um dich besorgt", erklärte der Alte in seiner schmierigen Art. „Du undankbarer Bengel hast dich aber bei irgendwelchen Leuten verkrochen und keinen Gedanken mehr an uns verschwendet. Und gestern, als wir dich endlich wiederhatten, hast du versucht zu fliehen. Weißt du überhaupt, was für Folgen eine solche Undankbarkeit haben kann?"

Daraufhin erzählte Fagin seinem Zögling eine unheimliche und haarsträubende Geschichte von einem jungen Mann, dem er in seiner Menschenfreundlichkeit genauso geholfen habe wie Oliver. Dieser habe sich aber seines Vertrauens als unwürdig erwiesen und seinen Gönner schließlich sogar bei der Polizei in ein schlechtes Licht rücken wollen. „Aber dann ist es ihm selbst schlecht ergangen", schloss Fagin seine Erzählung. „Er wurde verhaftet und als Verbrecher gehängt. Meine Aussage hätte ihn vielleicht vor diesem Tod bewahren können. Genau genommen war ich es nämlich, der der Polizei einen kleinen Tipp zukommen ließ und dem Undankbaren so zum Galgen verholfen hat. Aber das musste ich tun, um selbst sicher zu sein. Und der Verräter hat es ja auch nicht besser verdient. Ich kann also nur hoffen, Oliver, dass du vernünftiger bist, als jener junge Mann es war."

Oliver erstarrte das Blut in den Adern, als er diese Erzählung und die damit verbundenen Drohungen hörte. Aus eigener Erfahrung wusste er nur allzu gut, dass die Gerichte zuweilen einen Unschuldigen für schuldig halten können.

Fagin grinste hämisch, tätschelte ihm die Wangen und sagte ihm, wenn er nur hübsch den Mund halte und ihn eifrig bei seinen Geschäften unterstütze, würden sie schon noch gute Freunde werden. Dann nahm er seinen Hut, ging hinaus und verschloss die Tür hinter sich.

Obwohl das Haus, in dem Oliver nun gefangen war, sehr heruntergekommen und baufällig war, konnte man doch sehen, dass es einst reichen Leuten gehört haben musste. Überall in den Ecken und Winkeln, an den Wänden und an der Decke hingen Spinnweben, und Mäuse huschten über den Boden und flüchteten in ihre Schlupflöcher. In sämtlichen Räumen waren die wurmstichigen Jalousien fest verschlossen und nur hie und da stahl sich das Licht des Tages durch die Ritzen. Das Dachbodenfenster war das einzige, das keinen Laden hatte, doch es war durch Eisenstäbe vergittert. Stundenlang blickte Oliver traurig hinaus, aber er konnte nicht mehr sehen als eine verworrene Masse von Giebeln und rauchgeschwärzten Schornsteinen.

Eines Abends, draußen war es kalt und stürmisch, hüllte sich Fagin in seinen Mantel, schlug den Kragen hoch, sodass von seinem Gesicht nur die Augen zu sehen waren, und verließ eilig das Haus.

Dicker Schmutz lag auf dem Pflaster, ein schwarzer Nebel hing über den Straßen und leise rieselte der Regen hernieder und machte alles kalt und klamm. Fagin war in diesem Viertel offenbar mit jedem Winkel vertraut und bog endlich in eine Gasse ein, in der nur eine einzige Laterne schien. Dort klopfte er an eine Haustür, wechselte mit der Person, die öffnete, ein paar hastige Worte und stieg dann die Treppe hinauf.

Oben angekommen klopfte er an eine Tür. Sofort hörte man einen Hund knurren und gleich darauf fragte eine Männerstimme, wer da sei.

„Ich bin's, Bill", sagte Fagin und schob den Kopf ins Zimmer.

„Du? Na, dann komm rein", brummte Sikes. „Und? Was willst du?"

„Guten Abend, lieber Freund", erwiderte Fagin. „Ah, guten Abend, Nancy!"

Nancy zog die Füße vom Ofengitter zurück, schob ihren Stuhl beiseite und forderte Fagin mit einer stummen Geste auf, sich an den Kamin zu setzen.

„Kalt ist es draußen", klagte Fagin und wärmte sich seine knochigen Hände über dem Feuer. „Es geht einem durch und durch."

„Gib ihm was zu trinken, Nancy", befahl Sikes.

Rasch brachte Nancy eine Flasche aus einem kleinen Wandschränkchen, Sikes schenkte ein Glas Schnaps ein, reichte es seinem späten Gast und nahm auch selbst einen kräftigen Schluck.

„Was ist mit dem Haus in Chertsey, Bill?", kam Fagin zur Sache und rückte seinen Stuhl näher an Sikes heran. „Wann geht's los, Bill? Da muss einiges an Silberzeug liegen!" Er rieb sich die Hände und zog verzückt die Augenbrauen in die Höhe.

„Nichts ist damit", erwiderte Sikes kalt.

„Nichts?", rief der Alte voller Erstaunen und fuhr von seinem Stuhl auf.

„Nein, nichts", wiederholte Sikes. „Es ist lange kein so gutes Geschäft, wie wir erwartet haben. Toby Crackit hat die Stelle vierzehn Tage lang ausgekundschaftet. Aber keiner von der Dienerschaft ist rumzukriegen. Es ist ein verdammtes Pech."

Eine lange Pause folgte. Dann sagte Sikes: „Eine Möglichkeit gibt es vielleicht. Toby und ich sind vorgestern Nacht über die Gartenmauer gestiegen und haben die Fensterläden untersucht. Das Haus wird nachts zugeriegelt wie ein Gefängnis, aber eine Stelle haben wir entdeckt, wo wir ohne viel Lärm hineinkommen."

„Schafft ihr beiden das denn – du und Toby?"

„Wir brauchen noch einen Jungen. Und zwar einen, der nicht zu groß ist. Den musst du uns besorgen, Fagin."

„Einen Jungen?", fragte Fagin. „Dann ist es also bloß eine schmale Öffnung?"

Er erhielt keine Antwort und versank in tiefes Nachdenken. Plötzlich fiel ihm etwas ein. Mit einer Geste gab er Sikes zu verstehen, er möchte Nancy, die in die Kohlenglut blickte, hinausschicken.

Ungeduldig zuckte Sikes mit den Achseln, als sei dies eine ganz überflüssige Vorsichtsmaßregel. Dann aber fügte er sich Fagins Wunsch und befahl Nancy, ihm einen Krug Bier zu holen.

„Plötzlich willst du Bier haben?", fragte Nancy. Sie verschränkte die Arme und blieb ruhig sitzen. „So ein Quatsch. Sprich nur weiter, Fagin. Ich werde schon nichts ausplaudern."

Fagin zögerte noch immer und Sikes sah verwundert von ihm zu Nancy und wieder zurück. „Was soll's, Fagin", meinte er schließlich. „Wir kennen sie doch wahrhaftig lang genug! Die hält dicht, was, Nancy?"

„Da kannste dich drauf verlassen!", erwiderte die junge Dame, rückte ihren Stuhl an den Tisch und stützte sich auf die Ellbogen. „Also raus mit der Sprache, Fagin. Drucks nicht lange rum. Ich weiß doch, dass du an Oliver denkst."

„Du bist doch wirklich das gescheiteste Mädel, das mir je untergekommen ist!", sagte Fagin grinsend und klopfte ihr auf den Rücken. „Natürlich denk ich an Oliver!"

„Die richtige Größe hätte er tatsächlich", überlegte Sikes. „Und Toby und ich werden schon fertig werden mit dem Grünschnabel."

„Genau!", flüsterte Fagin. „Und wenn er erst einmal bei was Ordentlichem mitgemacht hat, gehört er uns sein ganzes Leben. Dann kann er nicht mehr zur Polizei, ohne sich selbst in Gefahr zu bringen. Die Gelegenheit könnte gar nicht günstiger sein. Also Bill, wann soll's losgehen?"

„Morgen Nacht! Da ist Neumond und die Nacht schön dunkel."

„Und ist alles vorbereitet, um die Beute wegzuschaffen?"

Sikes nickte.

„Und was, wenn …?"

„Ach was, hör auf mit deinen Bedenken. Wir haben schon alles im Griff", unterbrach ihn Sikes. „Schick den Burschen einfach morgen zeitig her."

Nach einigem Hin und Her wurde beschlossen, dass Nancy am folgenden Abend nach Einbruch der Dunkelheit Oliver abholen sollte. Zu ihr, meinte Fagin, würde der

Junge besonderes Vertrauen haben, da sie sich vor Kurzem so für ihn eingesetzt hatte. Mit diesen Worten verabschiedete er sich und wünschte eine gute Nacht.

18. Kapitel

Worin Oliver an Mr Sikes übergeben wird

Als Oliver am nächsten Morgen erwachte, war er nicht wenig verwundert, ein Paar neue Stiefel mit starken, dicken Sohlen anstelle seiner alten, abgenutzten zu erblicken. Zuerst freute er sich. Als er aber bald darauf hörte, Sikes werde ihn am Abend abholen lassen, sank seine Hoffnung.

„Und … werde ich bei ihm bleiben müssen?“, fragte er ängstlich.

„Nein, mein Junge, du wirst wieder zu uns zurückkommen, hahaha! Wir werden doch nicht so grausam sein, dich wegzuschicken, liebes Kind. Du sollst doch für immer bei uns bleiben.“ Fagin grinste bei diesen Worten, denn er wusste nur zu genau, wie gern Oliver fortgelaufen wäre.

Der alte Mann verriet nicht, was Oliver bei Bill Sikes tun sollte, und der Junge traute sich nicht zu fragen. Er vermutete jedoch ganz richtig, dass man ihn als Handlanger zu irgendeiner verbrecherischen Tat ausersehen hatte.

Als es dunkel wurde, verließ Fagin wieder das Haus und schloss sorgfältig hinter sich ab. Oliver blieb allein zurück und wartete darauf, dass er abgeholt wurde. Endlich hörte er, wie ein Schlüssel ins Schlüsselloch gesteckt wurde. Wenig später erschien Nancy.

Die junge Frau war totenblass. Auf Olivers Frage, ob sie krank sei, antwortete sie zunächst nicht. Stattdessen ließ sie sich in einen Sessel fallen, kehrte Oliver den Rücken zu und schwieg.

„Gott verzeih mir!“, rief sie nach einer Weile. „Ich habe doch nicht geahnt, dass es so weit kommen würde.“

„Was ist denn geschehen?“, fragte Oliver. „Kann ich dir irgendwie helfen? Ich will alles tun.“

Nancy wiegte sich hin und her, griff sich an die Kehle, stieß einen gurgelnden Laut aus und schnappte nach Luft.

„Nancy!“, rief Oliver entsetzt. „Was fehlt dir?“

Er hörte, wie ihre Zähne klapperten, und schürte schnell das Feuer.

Nancy rückte ihren Stuhl dicht an den Kamin und saß dort eine Weile stumm. Schließlich richtete sie sich auf. „Ich weiß nicht, was mich manchmal packt“, murmelte sie und tat, als striche sie ihr Kleid glatt. „Na, bist du fertig?“

„Was soll ich denn bei Sikes tun?“, fragte Oliver vorsichtig.

„Nichts Schlimmes“, erwiderte Nancy geistesabwesend.

„Das glaub ich nicht“, sagte Oliver, der sie nicht aus den Augen gelassen hatte.

„Na, dann glaub's nicht“, sagte Nancy und lachte gezwungen. „Nichts Gutes also.“

Oliver spürte, dass er einen gewissen Einfluss auf das Mädchen hatte, und überlegte einen Augenblick, ob er nicht an ihr Mitleid appellieren sollte. Aber dann kam ihm der Gedanke, dass es höchstens elf Uhr war und bestimmt noch viele Menschen auf den Straßen unterwegs waren. Sicherlich würden ihm einige Glauben schenken und ihm helfen, wenn er ihnen seine Lage schilderte. Darum erklärte er, er sei bereit, mit Nancy zu gehen.

Diese blickte ihm fest ins Gesicht. In ihren Augen konnte Oliver lesen, dass sie seine Gedanken erraten hatte.

„Pst!“, flüsterte sie und beugte sich mit einem scheuen Blick auf die Tür zu ihm hinunter. „Du kannst dir jetzt nicht alleine helfen. Ich hab mir die größte Mühe gegeben, aber es hat keinen Zweck. Sie haben dich in der Hand. Du musst einfach hoffen, dass du später weg kannst. Jetzt hast du keine Chance."

Betroffen über die Eindringlichkeit ihrer Worte blickte ihr Oliver erstaunt ins Gesicht. Er sah, dass sie die Wahrheit sprach. Ihr Gesicht war leichenblass und sie zitterte am ganzen Körper.

„Ich hab dir schon einmal geholfen und werde es immer wieder tun", fuhr Nancy lauter fort. „Ich hab mich dafür verbürgt, dass du keine Schwierigkeiten machst. Wenn es doch Ärger gibt, dann bringen sie mich vielleicht um." Dabei deutete sie auf ein paar Hieb- und Kratzwunden an ihrem Nacken und an ihren Armen. Dann ergriff sie Olivers Hand, blies die Kerze aus und zog ihn hinter sich her die Treppe hinunter.

Eine in der Finsternis unkenntliche Gestalt öffnete rasch die Tür und schloss sie ebenso schnell wieder hinter ihnen. Vor dem Haus stand eine Droschke. Nancy schob Oliver hinein und ließ die Fenstervorhänge herunter. Ohne einen Befehl abzuwarten, peitschte der Kutscher auf sein Pferd ein und der Wagen fuhr los.

Die ganze Fahrt über hielt Nancy Oliver an der Hand und flüsterte ihm von Zeit zu Zeit tröstende Worte ins Ohr. Alles ging so rasch vor sich, dass Oliver kaum Zeit hatte nachzudenken.

Da hielt die Kutsche auch schon vor dem Haus, zu dem Fagin am Abend zuvor gegangen war.

Rasch warf Oliver einen Blick auf die menschenleere Straße und ein Hilferuf lag ihm auf den Lippen. Aber er hatte noch immer Nancys flehende Worte im Ohr, sodass er es nicht übers Herz brachte zu schreien. Und ehe er sichs versah, war er auch schon im Haus und die Tür fiel hinter ihm ins Schloss.

„Hier hinauf", sagte Nancy und ließ jetzt zum ersten Mal seine Hand los. „Bill!"

„Hallo?", antwortete Sikes, der mit einem Licht oben an der Treppe erschien. „Na, das nenn ich mal pünktlich. Nur herauf mit euch!"

Nancy erzählte nun, dass alles glattgegangen war.

Als sie ihren Bericht beendet hatte, ergriff Bill Sikes das Wort. „Komm mal her, Bursche, damit ich dir gleich mal 'ne gute Lehre gebe", sagte er und sah Oliver drohend ins Gesicht. „Weißt du, was das ist?" Er griff nach einer Pistole, die auf dem Tisch lag.

Oliver nickte.

„So", fuhr Sikes fort, „und das hier ist Pulver und das hier 'ne Kugel." Er lud umständlich die Waffe.

„So, und jetzt höre", sagte er dann. Dabei ergriff er Oliver am Handgelenk und setzte ihm den Lauf so dicht an die Schläfe, dass der arme Junge einen Schreckenslaut nicht unterdrücken konnte. „Wenn du bloß ein Wort redest, ohne gefragt zu sein, wenn ich mit dir draußen bin, dann hast du eine Ladung im Schädel drin." Mit dieser Drohung steckte Sikes die Pistole fort und schickte Oliver ins Bett.

Noch vor dem Morgengrauen wurde er von Nancy wieder geweckt. Und nachdem er sich angezogen und gefrühstückt hatte, zeigte ihm Sikes mit drohender Miene noch einmal die Pistole.

Dann wurde Oliver zur Tür hinausgetrieben. Einmal blickte er sich noch um, in der Hoffnung, einen Blick von

Nancy aufzufangen. Aber diese hatte sich neben den Kamin gekauert und starrte regungslos ins Feuer.

Sie traten hinaus auf die Straße. Finstere Wolken hingen träge am Himmel und es regnete in Strömen. Auf den Straßen standen große Pfützen und die Rinnsteine liefen über. Ein matter Schimmer verkündete den Tagesanbruch und verstärkte die unheimliche Düsternis der Gegend. Noch befand sich kein Mensch auf der Straße, die Fensterläden der Häuser waren fest verschlossen und die Gassen öde und leer. Erst als sie in die Bethnal Green Street einbogen, fing es an, Tag zu werden. Einige der Laternen war bereits ausgelöscht und ein paar Bauernwagen holperten langsam und schwerfällig in die Stadt hinein. Die Schenken standen offen und waren hell erleuchtet und hier und da wurde ein Laden aufgemacht. Gruppen von Arbeitern trotteten in ihre Fabriken, dann kamen Männer und Frauen mit Fischkörben auf den Köpfen, Eselskarren, beladen mit Gemüse, und Kastenwagen mit Schlachtvieh. Metzger mit Fleischwaren zogen ihres Weges. Je näher sie der Innenstadt kamen, desto mehr nahmen Lärm und Verkehr zu. Bald schon war alles von einem wirren Getöse erfüllt.

Sikes fand einen Wagen, der in ihre Richtung fuhr und dessen Kutscher bereit war, sie bis Isleworth mitzunehmen. Von dort liefen sie noch einige Stunden über Land und kehrten schließlich in einer Stadt namens Hampton in einem Gasthaus ein. Dort fand Sikes wieder einen Wagen, der sie mitnahm. Sie stiegen ein und der Fuhrmann nahm die Zügel in die Hand. Dann raste der Wagen im Galopp zur Stadt hinaus.

Es war eine finstere Nacht. Feuchter Nebel stieg vom Fluss herauf. Der Wind blies schneidend kalt und die ganze

Gegend lag düster und schwarz da. Es wurde weiter kein Wort gewechselt, denn der Fuhrmann war bald schläfrig geworden, und auch Sikes schien nicht in der Stimmung zu sein, mit ihm eine Unterhaltung zu führen. Zusammengeduckt saß Oliver in einer Ecke, halb ohnmächtig vor Unruhe und Angst, und die gespenstischen Bäume, die mit ihren Zweigen wie boshafte Schemen auf ihn herunterragten, als freuten sie sich über die Unheimlichkeit des Ortes, kamen ihm wie lebendige, grauenhafte Wesen vor.

Einige Meilen vor einer Stadt namens Chertsey hielten sie an. Sikes stieg ab, fasste Oliver bei der Hand und schritt stumm mit ihm weiter, bis sie vor einem einsamen Haus standen, das verwittert und baufällig wirkte.

Oliver hinter sich her ziehend ging Sikes auf eine niedrige Tür zu und drückte auf die Klinke. Die Türe gab dem Druck nach und sie gingen zusammen ins Haus hinein.

19. Kapitel

Der nächtliche Einbruch

Hallo!", schrie eine heisere Stimme, als sie den Flur betraten.

„Halt's Maul", brummte Sikes und verriegelte die Tür hinter sich. „Mach lieber Licht, Toby."

„Aha, der Sikes!", rief die Stimme wieder. „Komm rein!"

Sie traten in eine niedrige, finstere Stube, in der ein Kaminfeuer qualmte. Auf einem alten Sofa lag ein Mann und paffte eine Tonpfeife. Toby Crackit – so hieß der Gentleman – erfreute sich nicht gerade eines üppigen Haarwuchses und war, wie es schien, was die Länge seiner Beine anbelangte, ein wenig zurückgeblieben.

„Ich freue mich, dich zu sehen, Bill, mein Junge", sagte Toby, träge den Kopf zur Tür wendend. „Hab schon befürchtet, du willst die Sache sein lassen. In dem Fall hätte ich das Risiko allein übernommen und wär's ohne Begleitung angegangen. – Hallo, wer ist denn das?" Mit einem Ruck richtete Toby Crackit sich auf und blickte Oliver an.

„Der Junge, den wir brauchen. Einer aus Fagins Stall", antwortete Sikes mürrisch und rückte sich einen Stuhl zum Feuer.

„Soso, von Fagin!", rief Toby aus und sah Oliver forschend an. Dann brachte er den Neuankömmlingen etwas zu essen und zu trinken. Anschließend begab man sich zur Ruhe. Auch Oliver schlief erschöpft in seinem Sessel ein.

Einige Stunden später – es war inzwischen halb zwei – wurde Oliver von Sikes geweckt. Auch Toby Crackit war bereits aufgestanden. Oliver beobachtete, wie die beiden

Männer Hals und Gesicht in große Tücher hüllten und ihre Mäntel anzogen. Crackit nahm aus einem Wandschrank verschiedene Gegenstände.

„Denk auch an die Bleispritzen!", mahnte Sikes.

„Hier sind sie", erwiderte Toby Crackit und reichte Sikes ein paar Pistolen. Außerdem schob er sich einen Bund mit Dietrichen in die Tasche.

Die Ausrüstung wurde noch vervollständigt durch Bohrer, Brecheisen, Laterne und zwei schwere Knüppel. Dann konnte es losgehen. Sikes fasste Oliver wieder an der Hand. Mechanisch ließ der arme Junge alles mit sich geschehen. Toby Crackit nahm Olivers andere Hand und so traten die beiden Ganoven aus dem Haus, den Jungen zwischen sich.

Es war pechfinstere Nacht. Der Nebel war noch dichter und schwerer als in den Abendstunden, die Luft feucht und kalt. Wortlos schritten sie über eine Brücke, dann hielten sie auf die Lichter der Stadt zu. Schon bald hatten sie Chertsey erreicht.

„Nur immer geradeaus, mitten durch die Stadt", flüsterte Sikes. „Heut ist niemand mehr auf, der uns sehen könnte."

Toby brummte etwas und sie eilten durch die Hauptstraße der kleinen Stadt, die zu dieser späten Nachtstunde vollständig menschenleer dalag. Von Zeit zu Zeit schimmerte ein trübes Licht aus irgendeinem Fenster heraus und heiseres Hundegebell unterbrach zuweilen die nächtliche Stille. Als die Kirchturmuhr zwei schlug, hatten sie die Stadt hinter sich.

Sie beschleunigten nun ihren Schritt abermals und bogen nach links in eine Straße ein. Nachdem sie ungefähr eine Viertelmeile zurückgelegt hatten, blieben sie vor einem vereinzelten, von einer Mauer umgebenen Haus stehen.

Kurzentschlossen schwang sich Toby Crackit auf die Mauer. „So! Jetzt den Jungen“, flüsterte er. „Heb ihn rauf, Bill.“

Noch ehe Oliver Zeit hatte, sich genauer umzublicken, hatte Sikes ihn bereits unter den Armen gefasst und wenige Sekunden darauf lag er mit Toby zusammen auf der anderen Seite der Mauer im Gras. Sikes folgte ihnen auf dem Fuß. Vorsichtig schlichen sie Richtung Haus.

Bei der Vorstellung, jetzt gleich einen Einbruch begehen zu sollen, stieß Oliver unwillkürlich einen Schreckenslaut aus. Kalter Schweiß stand ihm auf der Stirn und die Glieder versagten ihm den Dienst. Zitternd ging er in die Knie.

„Aufgestanden“, flüsterte Sikes, schäumend vor Wut, und riss seine Pistole aus der Tasche. „Aufgestanden oder ich ballere dir das Gehirn an die Wand.“

„Bitte lassen Sie mich gehen“, jammerte Oliver. „Lassen Sie mich davonlaufen und lieber auf freiem Feld sterben. Ich will nie wieder nach London kommen. Nie. Aber zwingen Sie mich nicht, hier einzubrechen.“

Er hörte ein Knacken, aber gleich darauf schlug Toby seinem Komplizen die Pistole aus der Hand. „Bist du wahnsinnig, Bill? Wir können jetzt keinen Lärm gebrauchen.“

Dann hielt er Oliver den Mund zu und schleifte ihn näher zum Haus hin. „Und du hältst das Maul“, krächzte er dabei heiser. „Sonst schlag ich dir die Fresse ein. Das macht keinen Radau und ist ebenso sicher wie das Schießeisen. Hierher, Bill, brich mal den Laden auf!“

Leise fluchend setzte Sikes seine Brechstange an den Laden an. Die Angeln gaben nach. Ein kleines Gitterfenster an der rückseitigen Hauswand wurde sichtbar und gleich darauf war auch der Rahmen des Fenstergitters aus den Angeln gehoben.

„So, pass auf jetzt, Kleiner", flüsterte Sikes, zog eine Laterne aus der Tasche und richtete ihr Licht direkt auf Olivers Gesicht. „Wir schieben dich jetzt durch das Loch da ins Haus hinein. Das Licht hier nimmst du mit, dann gehst du langsam immer der Nase nach die Treppe hinauf bis zur Haustür, machst sie auf und lässt uns rein."

Toby Crackit stellte sich ans Fenster und beugte sich nieder, um für Oliver mit dem Rücken eine Stufe zu bilden. Dann wurde der Junge behutsam durch das Fenster geschoben.

„Hier, nimm die Laterne", flüsterte Sikes und steckte den Kopf durch das Fenster hinein. „Siehst du die Treppe da vor dir?"

„Ja", hauchte Oliver.

„Also hinauf mit dir", flüsterte Sikes.

„Horch, was ist das?", fragte Crackit leise.

Sie lauschten gespannt.

„Da ist nichts", murmelte Sikes. „Also, marsch, an die Arbeit."

Inzwischen hatte Oliver einen Entschluss gefasst: Selbst wenn er dabei sein Leben riskierte, wollte er versuchen, die im Hause schlafende Familie zu wecken. Von diesem Gedanken angespornt, schlich er leise vorwärts.

„Zurück!", schrie Sikes plötzlich mit lauter Stimme. „Zurück, zurück!"

Erschrocken ließ Oliver die Laterne fallen.

Sikes wiederholte seinen Ruf. Zugleich tauchte ein Licht aus der Finsternis auf und zwei halb angekleidete Männer erschienen oben auf dem Treppenabsatz. Dann waren da ein Blitz und ein Krach – und Oliver taumelte zurück.

Gleich darauf erschien Sikes oben am Fenster, griff durch die Öffnung und feuerte seine Pistole auf die beiden Männer ab. Dann packte er Oliver am Kragen und riss ihn durchs Fenster nach draußen. Dabei brüllte er: „Ein Halstuch her, Toby! Die Kerle haben ihn angeschossen. Rasch, rasch!“

Eine Glocke ertönte, Schüsse knallten und Menschen riefen durcheinander. Währenddessen wurde Oliver über den holprigen Boden geschleppt. Immer verworrener wurde der Lärm, dann schlich sich ein kaltes, tödliches Gefühl in Olivers Herz und einen Augenblick später sah und hörte er nichts mehr.

20. Kapitel

Beinhaltet das Wesentliche einer romantischen Unterhaltung zwischen Mr Bumble und einer Dame

Zu einer harten, dicken Eisschicht gefroren lag der Schnee. Nur die Haufen, die vorher in Ecken und Winkeln zusammengetrieben worden waren, wurden von dem scharfen Wind erfasst, der darüber hinwegfegte. Es war trüb, finster und grimmig kalt – und so recht ein Abend für Leute, die ein gutes Dach über dem Kopf und eine reichliche Mahlzeit auf dem Tisch hatten. Da setzten sie sich dann um das helle Kaminfeuer und dankten dem lieben Gott, dass er ihnen ein Heim gegeben hatte. Für die Obdachlosen dagegen war es eine Nacht, um sich hinzulegen und zu sterben.

So sah es draußen aus, als Mrs Corney, die Verwalterin des Armenhauses, sich in ihrer kleinen Wohnstube ans Kaminfeuer setzte und voll innerer Freude auf ein kleines rotes Tischchen blickte, auf dem ein Teetablett von ansehnlicher Größe stand.

„Ja, wahrhaftig", sagte sie, stützte die Ellbogen auf den Tisch und blickte nachdenklich ins Feuer, „wir haben alle vieles, wofür wir dankbar sein können. Wahrlich, wahrlich. Wenn wir's nur anerkennen wollten."

Und bekümmert schüttelte sie den Kopf, als beklage sie die geistige Blindheit all der Armen aufs Bitterste, die diese Erkenntnis nicht hatten. Dann schritt sie zur Bereitung des Tees, indem sie mit einem silbernen Löffel tief in eine zinnerne Teebüchse fuhr.

Wie doch geringe Dinge das Gleichgewicht unseres schwachen Gemütes stören können: Die schwarze Teekanne war sehr klein und füllte sich bald, als Mrs Corney aus dem Kessel das kochende Wasser hineingoss. So kam es, dass das Wasser überlief und ein Tropfen die Hand der trefflichen Frau verbrannte.

„Himmelkreuzdonnerwetter!", rief sie. „Das verdammte Ding! Nicht einmal ein paar Tassen kann man hineinschütten." Sie seufzte tief. „So was kann wieder nur einem armen Geschöpf wie mir passieren. Oh Gott, oh Gott."

Dann ließ sie sich in den Stuhl zurückfallen, stützte die Ellbogen auf und begann über ihre Einsamkeit nachzugrübeln. Traurige Erinnerungen an ihren verstorbenen Gatten, Mr Corney, der vor ungefähr fünfundzwanzig Jahren das Zeitliche gesegnet hatte, wurden in ihr wach.

„Nie wieder werde ich einen anderen bekommen", sagte sie voll Kummer. „Nein, niemals. Und erst recht nicht so einen wie ihn."

Ob sich ihre Bemerkung auf den Ehegatten oder auf den Kessel bezog, lässt sich nicht mehr feststellen. Vermutlich dürfte es der Letztere gewesen sein, denn Mrs Corney blickte ihn bei diesen Worten an und schenkte sich ein. Sie hatte kaum an der ersten Tasse genippt, als sie durch ein leises Klopfen an der Tür aus ihren Gedanken gerissen wurde.

„Nur herein da, wer draußen ist!", rief sie scharf. „Wahrscheinlich liegen wieder ein paar alte Weiber im Sterben. Das geschieht doch immer, wenn ich gerade Tee trinke. Also: Was ist denn schon wieder los?"

„Nichts, Madame, nichts", antwortete eine Männerstimme.

„Oh Gott, Sie sind's, Mr Bumble!", rief Mrs Corney, sogleich weit freundlicher als vorher.

„So ist es, Madame", antwortete Mr Bumble und blieb noch einen Augenblick draußen stehen, um Schuhe und Hut vom Schnee zu reinigen. Dann trat er ein, in der einen Hand seinen Dreispitz und in der anderen ein Bündel. „Darf ich die Tür zumachen, Madame?"

Mrs Corney zierte sich ein wenig, da es sich ihrer Ansicht nach doch nicht recht gehörte, mit Mr Bumble hinter verschlossenen Türen zusammen zu sein. Aber der Gemeindediener nahm ihr Zögern als Bejahung und da es draußen sehr kalt war, zog er die Tür hinter sich zu.

„Scheußliches Wetter, Mr Bumble", sagte die Armenhausmutter.

„Jawohl, scheußliches Wetter, Madame", stimmte der Gemeindediener zu. „Gerade das richtige Wetter, um das Armenhaus in den Ruin zu treiben, Madame. Heute haben wir nicht weniger als zwanzig Laib Brot und anderthalb Laib Käse verteilen müssen – und noch immer ist das Armenpack nicht zufrieden."

„Natürlich! Wann wäre das je zufrieden, Mr Bumble", klagte die Dame und nippte an ihrer Teetasse.

„Jawohl, Madame, sehr richtig", erwiderte Mr Bumble. „Stellen Sie sich vor: An einen einzigen Mann haben wir, bloß weil er eine Frau und mehrere Kinder hat, einen Viertellaib Brot und ein Pfund Käse hergeben müssen. Und glauben Sie, der Kerl wäre dankbar gewesen? Kein bisschen. Gleich darauf bettelte er um Kohlen. Kohlen! Was braucht der denn Kohlen?! Will er sich vielleicht den Käse rösten und dann noch mehr haben? Ja, so ist dieses Gesindel, Madame. Heut gibt man ihnen eine Schürze voll

Kohlen und übermorgen wollen sie schon wieder eine. So sicher wie das Amen in der Predigt."

Die Gnädige gab ihre Zustimmung zu dieser Klage mit einem verständnisvollen Nicken und der Gemeindediener fuhr fort: „Und vorgestern: Kommt da doch so ein Kerl mit nichts als ein paar Lumpen auf dem Leib, klopft an die Tür von unserem Aufseher und verlangt, dass man ihm hilft. Der Aufseher hatte gerade Besuch – eine Abendgesellschaft hat er gegeben. Aber der Kerl geht nicht weg. Also schickt er ihm ein Pfund Kartoffeln und eine halbe Kanne Mehl raus. ‚Was soll ich damit?', sagt der undankbare Lümmel. ‚Was nutzt mir das gegen das Erfrieren! Da könnten's mir gerade so gut ein paar eiserne Brillen schenken.' Was sollte der Aufseher machen? ‚Auch recht', sagt er und nimmt die Kartoffeln und das Mehl wieder zurück. ‚Na, da werd ich jetzt halt auf der Straße sterben', brummt der Kerl. ‚Das wirst du besser bleiben lassen', sagt darauf der Vorsteher."

„Haha, sehr gut. So muss man mit dem Gesindel reden", fiel ihm Mrs Corney ins Wort. „Und weiter, Mr Bumble?"

„Tja, abgehauen ist der Kerl", fuhr der Gemeindediener fort. „Und, was meinen sie? Er ist tatsächlich auf der Straße gestorben. Diese Armen sind doch ein eigensinniges Pack."

„Das ist doch wirklich eine Unverschämtheit!", bemerkte die Armenhausmutter mit großem Nachdruck. „Finden Sie nicht, Mr Bumble, dass man den Leuten außerhalb des Armenhauses überhaupt keine Unterstützung geben sollte? Sie sind doch ein patenter Kerl, Mr Bumble. Was meinen Sie dazu?"

„Mrs Corney“, erwiderte der Gemeindediener und lächelte wissend, „wenn die Almosen geschickt verteilt werden, ist es im Grunde genommen eine Art Selbstschutz für die Gemeindeverwaltung. Wenn die Armen sehen, dass sie immer was kriegen, das sie gar nicht brauchen können, dann haben sie's mit der Zeit satt und lassen einen in Ruhe. Aber jetzt muss ich wohl gehen. Doch warten Sie, ich habe noch etwas für Sie, Madame.“ Mit diesen Worten öffnete Mr Bumble sein Bündel und zog eine Flasche hervor. „Da haben wir diesmal einen echten Portwein, den die Gemeindebehörde mir für die Kranken zugewiesen hat. Echter Portwein, erst heute Vormittag abgefüllt.“ Er stellte die Flasche auf das Kaminsims, nahm seinen Dreispitz in die Hand und schickte sich zum Gehen an.

„Sie werden einen recht kalten Weg haben, Mr Bumble“, jammerte die Armenhausmutter.

„Ja, es pfeift ganz schön draußen“, gab Mr Bumble zu und klappte den Mantelkragen hoch.

Mrs Corney blickte ihm versonnen nach, als er jetzt zur Tür ging. Gerade holte Mr Bumble Luft, um sich endgültig zu verabschieden, da fasste sie sich ein Herz und fragte verlegen, ob er nicht ein Tässchen Tee mit ihr trinken wolle.

Sofort klappte Mr Bumble seinen Kragen wieder herunter, legte Hut und Stock ab und rückte sich einen Stuhl an den Tisch. Dann setzte er sich langsam nieder.

Mrs Corney stand auf, um eine zweite Tasse aus dem Schrank zu holen. Als sie sich wieder setzte, begegnete ihr Blick dem des galanten Gemeindedieners. Sie errötete ein wenig und widmete sich nunmehr ausschließlich ihrer Aufgabe, den Tee zuzurichten. „Süß?“, fragte sie ihren Gast und griff nach der Zuckerdose.

„Sehr süß, sogar sehr süß, Madame", säuselte Mr Bumble. Dabei hing sein Blick fest an Mrs Corney. Und wenn jemals ein Gemeindediener eine Dame zärtlich und liebevoll angeschaut hat, so war das Mr Bumble in diesem Augenblick.

Schweigend wurde der Tee serviert. Mr Bumble breitete sich sein Taschentuch über die Knie und fing an zu essen und zu trinken.

„Wie ich sehe, haben Sie eine Katze, Madame", sagte er. „Das könnte mir auch gefallen."

„Ja, wissen Sie, ich hab Katzen halt gar so gern, Mr Bumble. Die lieben Tierchen sind so glücklich und so nett und so übermütig, ganz wie gute Kameraden."

„Es ist wirklich kein Wunder, dass sich ein jedes Lebewesen, wenn's auch nur eine Katze ist, bei Ihnen im Haus wohlfühlt, Madame", schmeichelte Mr Bumble.

„Ach, Mr Bumble", hauchte Mrs Corney.

„Ja, warum nicht die Wahrheit sagen!", rief Mr Bumble würdevoll und schwenkte, um den Eindruck seiner Worte zu vertiefen, seinen Teelöffel. „Und wenn so eine Katze Ihnen Kummer machte, so würde ich sie eigenhändig ersäufen."

„Oh, Mr Bumble, Sie grausamer Mann!", rief Mrs Corney lebhaft. Doch dann riss sie sich zusammen und griff nach der Tasse, die der Gemeindediener gerade geleert hatte, um sie wieder zu füllen.

Als sie ihm die Tasse aus der Hand nahm, drückte er zart den kleinen Finger der Dame. Dann seufzte er leise und rückte seinen Stuhl ein bisschen weiter vom Ofen weg.

Es war ein runder Tisch, an dem sie einander gegenübersaßen. Und so war es nur natürlich, dass Mr Bumble, indem er vom Ofen wegrückte, näher bei Mrs Corney zu sitzen kam. So verringerte sich nach und nach der Zwischenraum zwischen ihm und der Gnädigen immer mehr und schließlich stießen die beiden Stühle fast aneinander. Da erst machte Mr Bumble halt.

„Grausam, sagen Sie, Mrs Corney?", fing er wieder an, rührte seinen Tee um und blickte der Armenhausmutter direkt ins Gesicht. „Sind Sie denn nicht auch grausam, Mrs Corney?"

„Oh Gott, oh Gott!“, rief die Dame. „Das ist aber eine seltsame Frage für einen ledigen Herrn. Was kann das für Sie von Interesse sein, Mr Bumble, ob ich grausam bin?“

Der Gemeindediener leerte schnell seine Teetasse, verzehrte noch hastig einige Kekse, schüttelte sich die Krumen von der Hose, wischte sich die Lippen ab und gab der Dame mit großer Würde einen Kuss.

„Aber Mr Bumble!“, zierte sich Mrs Corney im Flüsterton, denn der Schrecken hatte ihr fast ganz und gar die Stimme verschlagen. „Aber Mr Bumble, ich schreie gleich um Hilfe.“

Mr Bumble erwiderte nichts weiter darauf, sondern legte nur langsam und würdevoll seinen Arm um die Hüften Mrs Corneys.

Da die Gnädige versprochen hatte zu schreien, würde sie es wahrscheinlich auch getan haben, wenn es nicht in diesem Augenblick energisch an der Tür gepocht hätte. Sofort sprang Mr Bumble mit außerordentlicher Behändigkeit auf und tat, als staube er die Portweinflasche ab. Währenddessen fragte die Armenhausmutter mit gellender Stimme, wer denn draußen sei.

„Verzeihen Sie“, sagte eine arme, runzelige Armenhäuslerin von grauenhafter Hässlichkeit und schob sich langsam zur Tür herein, „aber mit der alten Sally geht’s zu Ende.“

„Was geht das mich an“, sagte die Armenhausmutter schroff. „Glauben Sie, ich kann sie am Leben erhalten?“

„Nein, nein“, gab die Alte zur Antwort, „das kann niemand mehr. Aber die Sally hat was auf’m Herzen und immer, wenn sie für ein paar Minuten bei Bewusstsein ist, sagt sie, sie müsst Ihnen was erzählen. Sie wird nicht ruhig sterben können, ehe Sie nicht zu ihr gekommen sind, gnädige Frau."

Mrs Corney ersuchte den Gemeindediener, freundlicherweise auf ihre Rückkehr zu warten. Dann schritt sie zur Stube hinaus, marschierte hinter der Armenhäuslerin her und schimpfte fortwährend vor sich hin.

Das Benehmen Mr Bumbles, als er sich nunmehr allein im Zimmer befand, war recht seltsam. Zuerst öffnete er den Wandschrank, zählte die Teelöffel und wog die Zuckerzange in der Hand. Dann begutachtete er ausgiebig einen silbernen Milchtopf und klopfte daran, ob er auch echt sei. Schließlich setzte er sich seinen Dreispitz schief auf den Kopf und tanzte würdevoll einige Male um den Tisch herum. Dann nahm er den Hut wieder ab, setzte sich mit dem Rücken zum Ofen und konzentrierte seine ganze Aufmerksamkeit auf das Inventar im Zimmer.

21. Kapitel

Die kurze Geschichte eines armseligen Geschöpfs, die sich aber für die Handlung als wichtig erweisen wird

Keuchend humpelte die Alte die Gänge entlang und die Stiegen hinauf und gab auf die keifenden Worte Mrs Corneys nur unverständliche Antworten, die sie in sich hineinmurmelte. Endlich hatten sie die Stube erreicht, in der die Kranke lag.

Es handelte sich um eine kahle Dachkammer, in der nur ein trübes Licht flackerte. Eine weitere alte Frau saß neben dem Bett der Sterbenden und wachte.

Mrs Corney wickelte sich mürrisch ihr Tuch noch enger um die Schultern und nahm am Fußende des Bettes Platz, während die beiden alten Frauen sich still ans Feuer setzten. Die flackernden Flammen warfen einen gespenstischen Schein, in dem ihre verrunzelten Gesichter wahrhaft gruselig aussahen.

„Hat sie noch was gesagt, als ich weg war?", fragte die Frau, die Mrs Corney geholt hatte.

„Kein Wort mehr", war die Antwort. „Ein paarmal hat sie mit den Armen um sich gehauen, aber ich hab ihr die Hände festgehalten, und dann ist sie bald ohnmächtig geworden."

„Hat sie von dem heißen Wein getrunken, den der Herr Doktor ihr verschrieben hat?"

„Ich hab probiert, ihr den Trank einzuflößen. Aber sie hat die Zähne zusammengebissen wie ein Schraubstock. Da habe ich den Wein lieber selbst getrunken."

Die beiden alten Weiber guckten sich vorsichtig um, ob sie auch nicht belauscht würden. Dann rückten sie wieder näher zum Feuer und kicherten herzlich miteinander.

„Ich kann mich noch an die Zeit erinnern", sagte die erste, „wo sie's genau so gemacht hat, wenn es mit jemandem zu Ende ging."

„Ja, sie hat's nicht anders gemacht", versetzte die zweite. „Ich habe oft mit ihr zusammen gewacht, wenn jemand im Sterben lag."

In diesem Augenblick trat Mrs Corney auf die Alten zu und fragte mit harter Stimme: „Wie lang soll ich denn hier noch warten?"

„Keine Sorge, gnädige Frau. Es kann nicht mehr lange dauern", antwortete eine der beiden.

„Ob's jetzt lang dauern wird oder nicht", sagte Mrs Corney verärgert, „mich wird sie hier nicht finden, wenn sie aufwacht. Es gehört nicht zu meinen Aufgaben hier im Haus, alten Weibern beim Sterben zuzusehen. Merkt euch das, ihr unverschämten alten Hexen. Wenn ihr mich noch einmal mit so etwas stört, dann nehmt euch in Acht." Sie wandte sich zum Gehen, als sie ein Ruf innehalten ließ.

Die Sterbende hatte sich aufgerichtet und reckte die Arme nach ihr aus. „Bleiben Sie! Ich muss mit Ihnen sprechen!", rief sie mit hohler Stimme. „Kommen Sie zu mir, Mrs Corney, damit ich es Ihnen ins Ohr flüstern kann."

Sie fasste die Armenhausvorsteherin am Arm und wollte eben anfangen zu sprechen, da bemerkte sie, dass die beiden Greisinnen mit offenen Mündern zuhörten. „Fort mit ihnen", keuchte die Sterbende, „fort mit den beiden."

Mrs Corney schickte die Alten hinaus und die Kranke fuhr fort: „Hören Sie", hauchte sie mit äußerster Anstrengung. „Hier in diesem Zimmer – hier im selben Bett – hab ich einmal eine hübsche junge Frau, die sie hierher ins Haus geschafft haben, gepflegt. Ihre Füße waren mit Staub und Blut bedeckt. Sie war hochschwanger. In diesem Bett brachte sie einen kleinen Jungen zur Welt und starb dann an den Folgen der Geburt. Wann war das noch?"

„Das Jahr tut nichts zur Sache", unterbrach Mrs Corney sie ungeduldig. „Was ist mit dem Weib?"

„Ich habe sie bestohlen", flüsterte die Sterbende. „Sie war noch nicht kalt, da hab ich sie bestohlen."

„Um Gottes willen, was hast du ihr denn gestohlen?", rief Mrs Corney.

„Es … es war das Einzige, was sie hatte", murmelte die Kranke. „Sie brauchte Kleider und war fast verhungert, aber trotzdem hat sie's aufbewahrt und nicht verkauft. Sie trug's auf ihrer Brust. Es war Gold – ich sag Ihnen, es war Gold, echtes Gold, mit dem sie sich das Leben hätte retten können."

„Gold?", wiederholte die Verwalterin und beugte sich gierig über die Sterbende. „Erzähl weiter!"

„Sie hat mir vertraut", erwiderte die Kranke mühsam, „weil ich die Einzige war, die in dieser Stunde bei ihr wachte. Und ich hab's ihr gestohlen."

Die Sterbende schwieg eine Weile erschöpft. „Das Kind wurde seiner Mutter so ähnlich", sagte sie dann mit matter Stimme. „Es wurde ihr so ähnlich, dass ich's heute noch vor Augen sehe. Die arme, arme Person! Sie war noch so jung. Warten Sie, ich hab Ihnen noch mehr zu sagen. Ich hab noch nicht alles erzählt, oder?"

„Nein", erwiderte Mrs Corney und neigte den Kopf vor, um kein Wort zu versäumen. „Red schon!"

„Als die Mutter den Tod kommen spürte“, fuhr die Sterbende keuchend fort, „da hat sie mir ins Ohr geflüstert, ich solle ihrem Kind helfen, in dieser scheußlichen Welt ein paar Freunde zu finden. ‚Vielleicht kann es überleben und groß werden. Und vielleicht wird es sich eines Tages auch nicht mehr des Namens seiner Mutter schämen müssen.‘ Das waren ihre Worte.“

„Und wie hieß das Kind?“, fragte die Verwalterin.

„Oliver“, antwortete die Sterbende schwach. „Und das Gold war …“

„Ja doch, ja doch, was war es?“ Mrs Corney beugte sich noch tiefer über das Bett und fuhr dann erschrocken zurück, als die Sterbende sich langsam und starr noch einmal aufrichtete, ein paar undeutliche Laute ausstieß und dann tot zurücksank.

22. Kapitel

Handelt abermals vom alten Fagin und seinen Kumpanen

Mr Fagin kauerte brütend vor dem rauchigen Feuer und hielt das Kinn auf seine Daumen gestützt, die Augen starr auf das rostige Gitter geheftet. An einem Tisch hinter ihm saßen das Schlitzohr, Charley Bates und ein weiterer Junge. Sie spielten Karten.

Plötzlich läutete es. Jack griff nach dem Leuchter und schlich leise zur Haustür. Kurz darauf erschien er wieder mit Toby Crackit im Schlepptau. Dieser sah reichlich mitgenommen aus. Seine Wangen waren hohl und eingefallen und er schien sich schon seit Tagen nicht mehr gewaschen oder rasiert zu haben.

Fagin fragte unruhig, was denn geschehen sei. Aber alles Drängen half nichts. Toby Crackit weigerte sich zu sprechen, bevor er nicht etwas zu essen bekam.

Jeden Bissen, den Toby hinunterschlang, verwünschte der aufgeregte Fagin. Aber er konnte es nicht ändern. Crackit aß, bis nichts mehr da war. Dann schickte er das Schlitzohr und die anderen Jungen hinaus, schloss die Tür hinter ihnen, nahm sich ein Glas Brandy und fragte: „Also, zuallererst: Wie geht es Bill?"

„Bill? Bill Sikes?", fuhr Fagin auf.

„Zum Teufel! Das soll doch nicht etwa heißen …", stieß Toby Crackit hervor und wurde totenblass.

„Hier ist er jedenfalls nicht!", schrie der Alte und stampfte wütend auf den Boden. „Also, wo stecken sie? Wo sind Sikes und der Junge?"

„Der Einbruch ist danebengegangen", murmelte Toby. „Die Kerle haben geschossen und den Jungen getroffen. Eine Zeitlang haben wir ihn über die Felder mit uns geschleppt, durch dick und dünn, über Hecken und Gräben, und immer war die ganze Bande hinter uns her."

„Und der Junge? Und der Junge?"

„Bill Sikes hat ihn auf den Rücken genommen und ist gelaufen wie der Teufel. Dann haben wir ihn zwischen uns genommen, und kalt ist er gewesen, kalt wie ein Toter. Und die Bande rückte immer näher und näher. Wir mussten sehen, dass wir unser eigenes Fell retten. Also haben wir uns getrennt und den Buben im Graben liegen gelassen. Ob er noch lebt oder tot ist, keine Ahnung."

Erschrocken starrte Fagin Crackit an. Dann stieß er einen gellenden Schrei aus, stürzte aus dem Zimmer und verließ das Haus.

Fagin hatte schon die Straßenecke erreicht, als er langsam wieder zu sich kam. Aber immer noch stürmte er vorwärts. Er vermied die Hauptstraßen und lief immer weiter, bis er eine heruntergekommene Gasse erreichte, in der in winzigen Läden all das feilgeboten wurde, was die Ladenbesitzer von den Taschendieben kauften. Die gelb- und hohlwangigen Bewohner dieser Gegend schienen ihn alle zu kennen und nickten ihm zu. Er nickte ebenfalls kurz, ließ sich aber auf kein Gespräch ein.

Endlich blieb er vor einer Schenke mit dem Namen „Drei Krüppel" stehen. Fagin schritt die Treppe hinauf und betrat die düstere, verrauchte Gaststube. Aber der, nach dem er Ausschau hielt, war dort nicht zu finden.

„Haben Sie ihn gesehen? Wird er heute Abend kommen?", fragte er leise den Wirt.

„Sie meinen Monks?", erwiderte dieser.

„Psst! Natürlich, wen denn sonst?"

„Ich erwarte ihn schon lang", antwortete der Wirt. „Er muss jeden Moment kommen. Wenn Sie also zehn Minuten Geduld haben …"

„Nein, nein", lehnte Fagin hastig ab, sichtlich durch diese Nachricht erleichtert. „Sagen Sie ihm bloß, dass ich da gewesen bin und dass er übermorgen unbedingt zu mir kommen soll." Damit verließ er das Wirtshaus und fuhr mit einer Droschke zur Wohnung von Bill Sikes.

„Ich werd's schon rauskriegen", brummte er vor sich hin und klopfte an die Tür. „Wenn du mich hinters Licht führen willst, werde ich's schon rauskriegen, mein Mädel, verlass dich drauf."

Nancy saß am Tisch, hatte den Kopf auf die Tischplatte gelegt und schlief. Als Fagin das Zimmer betrat, fuhr sie erschrocken auf. Aufmerksam lauschte sie, als Fagin Toby Crackits Bericht von dem misslungenen Überfall wiedergab.

„Was glaubst du eigentlich, mein Kind, wo Bill stecken mag?", forschte der Alte, als er mit seiner Erzählung zu Ende war.

Das Mädchen stöhnte und murmelte eine unverständliche Antwort. Sie schien zu weinen.

„Und der Junge!", fügte Fagin lauernd hinzu. „Der arme, kleine Junge! In einem Graben haben sie ihn liegen gelassen, Nancy, denke dir nur."

„Das Kind ist besser dran, wenn's tot ist! Alles ist besser für den Jungen, als in deinen Fängen zu sein! Wär's nicht zu Bills Schaden, wünschte ich, der arme Junge wäre tot und seine jungen Knochen vermoderten im Graben."

„Jetzt hör mir mal zu“, sagte Fagin mit mühsam unterdrückter Wut. „Ich kann deinen Freund Bill mit ein paar Worten an den Galgen bringen. Und das sag ich dir: Wenn er zurückkommt und den Jungen nicht mitbringt – ob lebendig oder tot ist mir ganz egal –, dann ist es aus mit ihm. Dieser Oliver ist für mich so viel wert wie viele Hundert Pfund. Meinst du etwa, die wollte ich verlieren wegen der Dummheit einer versoffenen Bande, wie ihr es seid?“

Zitternd vor Wut und vor Angst, gegenüber Nancy zu viel verraten zu haben, machte er sich auf den Heimweg. Es war fast Mitternacht und bitterkalt, als er vor seinem Haus angelangt war und in der Tasche nach seinem Schlüssel suchte. Plötzlich hörte er, wie jemand seinen Namen flüsterte.

Rasch wandte er sich um und fragte in die Dunkelheit: „Sind Sie das etwa …“

„Ja, ich bin's“, unterbrach ihn die Stimme barsch. „Zwei Stunden wart ich hier schon. Wo zum Teufel stecken Sie denn?“

„Ich hab Sie gesucht“, erwiderte Fagin.

Gemeinsam betraten sie das Haus. Toby Crackit und die Jungen schliefen schon, sodass Fagin und sein Gast ungestört reden konnten.

Eine Zeitlang sprachen sie im Flüsterton, und es schien, dass Fagin sich gegen gewisse Beschuldigungen seines Gastes, den er mit „Monks“ anredete, verteidigte.

Sie mochten eine Viertelstunde miteinander geflüstert haben, als Monks plötzlich mit etwas lauterer Stimme sagte: „Und ich wiederhole: Es war miserabel ausgeheckt. Warum haben Sie ihn denn nicht hierbehalten bei den anderen und ihn zum Taschendieb gemacht? Sagen Sie bloß, das wäre nicht genauso einfach gegangen wie bei den unzähligen anderen Jungen?“

„Ich hab ihn einfach nicht fürs Geschäft erziehen können. Er war anders. Für schlechte Dinge war er einfach nicht zu gebrauchen“, erklärte Fagin. „Und dann ist er schon ausgebüchst, als ich ihn das erste Mal mit Jack und Charley hinausgeschickt hab. Ich hab für uns alle gezittert. Und da wusste ich ja auch noch nicht, dass gerade er es ist, den Sie suchen. Aber gut. Wenn Sie wollen, dass er mit aller Gewalt Dieb werden soll, werde ich ihn auch zu einem machen – wenn er noch am Leben ist, meine ich natürlich.“

„Wenn er tot ist, bin ich nicht schuld daran“, unterbrach ihn Monks erschrocken. „Seinen Tod will ich nicht. Das hab ich Ihnen vom ersten Augenblick an gesagt. Ich will kein Blutvergießen. So etwas kommt immer heraus und dann verfolgt einen das Gewissen.“ Er unterbrach sich. „Zum Teufel, was ist denn das?“, rief er voller Entsetzen.

„Was denn?“

„Dort!“, stammelte Monks und deutete an die Wand. „Der Schatten. Ich habe den Schatten einer Frau in Mantel und Hut über die Wand huschen sehen.“

Gemeinsam stürzten Fagin und Monks zu der Stelle, dann ins Treppenhaus. Sie horchten gespannt. Nichts.

„Es muss Einbildung gewesen sein“, sagte Fagin bebend.

„Schwören könnt ich, dass ich’s wirklich gesehen hab“, versicherte Monks, immer noch heftig zitternd. Doch mit der Zeit wurde er unsicher und gab schließlich zu, dass seine erhitzte Fantasie ihm einen Streich gespielt haben könnte.

23. Kapitel

Macht die Unhöflichkeit eines früheren Kapitels wieder gut, das eine Dame rücksichtslos im Stich gelassen hatte

Mr Bumble hatte bereits ein zweites Mal die Teelöffel gezählt, die Zuckerzange in der Hand gewogen, den Milchtopf einer genauen Inspektion unterzogen und durchforschte jetzt sogar das Innere von Mrs Corneys Kommode genauer.

Nachdem er zuvor am Schlüsselloch gehorcht hatte, ob die Luft rein war, machte er sich über die drei ersten Schubladen her. Er fand nicht nur Kleidungsstücke in bester Qualität, sondern auch ein kleines Kästchen mit einem Vorhängeschloss. Als er es schüttelte, gab das Kästchen einen wundervollen Klang von sich – so wie von Goldmünzen.

Das genügte Mr Bumble. Mit majestätischen Schritten kehrte er zum Kamin zurück und setzte sich wieder. Eine Weile dachte er nach, dann rief er mit ernster und entschlossener Miene: „Wird gemacht – jawohl, wird gemacht." Und als Mrs Corney etwa zehn Minuten später wieder ins Zimmer gestürzt kam, saß er ganz so da, als hätte er seinen Platz nie verlassen.

Mrs Corney fuhr sich zuerst einmal mit der Hand über die Augen, griff dann mit der anderen nach ihrem Herzen, sank hierauf in einen Lehnstuhl und schnappte nach Luft.

„Oh weh!", rief Mr Bumble und beugte sich über die Armenhausvorsteherin. „Ja, was soll denn das bedeuten, Madame? Was ist denn geschehen?"

„Ach, es war grässlich!“, jammerte sie. „Und ich bin doch nur ein armes, schwaches Geschöpf.“

„Schwach, Madame?“, fragte Mr Bumble und rückte noch näher. „Sie sind doch nicht schwach, Mrs Corney!“

„Wir sind alle schwache Geschöpfe“, versicherte Mrs Corney.

„Das ist natürlich richtig“, stimmte Mr Bumble zu. „Wir sind allesamt schwache Geschöpfe.“ Dabei hatte er seinen Arm wie zufällig von der Sessellehne gleiten lassen, sodass er nun mit sanftem Druck an der Hüfte der Dame ruhte.

„Aber ich muss schon sagen: Wie nett und behaglich dieses Zimmer ist, Madame. Wenn noch eins dazukäme, so wäre es eine wunderschöne Wohnung.“

„Für eine einzelne Person wäre es zu groß“, hauchte Mrs Corney.

„Aber nicht für zwei, Madame. Meinen Sie nicht auch?“

Die Armenhausmutter ließ den Kopf sinken, und Mr Bumble tat desgleichen, um ihr ins Gesicht schauen zu können. Züchtig blickte Mrs Corney zu Boden und machte ihre Hand frei, um nach dem Taschentuch zu greifen. Wie aus Versehen trafen ihre Finger jedoch die Hand des Gemeindedieners.

„Unsere Behörde liefert Ihnen Kohlen, Mrs Corney, nicht wahr?“, fragte Mr Bumble und drückte zärtlich ihre Finger.

„Und Kerzen“, ergänzte Mrs Corney, den Druck zärtlich erwidernd.

„Kohlen, Kerzen und freie Logis“, rekapitulierte Mr Bumble. „Ach, Mrs Corney, was für ein Engel Sie doch sind!“

Dieser Gefühlsausbruch war zu viel für die Dame. Sie sank dem Gemeindediener an die Brust, und dieser drückte ihr leidenschaftlich einen Kuss auf die Nase.

„Nein, eine so hohe Vollkommenheit in unserer Gemeinde zu finden!", rief Mr Bumble verzückt. „Sie wissen doch, Liebste, dass es Mr Slout, der für die Armenhausverwaltung zuständig ist, heute wieder schlechter geht?"

„Ja", flüsterte Mrs Corney verschämt.

„Keine acht Tage hat er mehr zu leben, sagt der Doktor", fuhr Mr Bumble fort, „und dann wird sein Posten vakant sein. Ach, Mrs Corney, welche Aussichten sich einem da eröffnen, nicht wahr? Welch eine Gelegenheit, zwei Herzen und zwei Haushalte zu vereinigen!"

Mrs Corney schluchzte.

„Sprechen Sie das kleine Wörtchen", säuselte Mr Bumble und beugte sich über die verschämte Gnädige nieder. „Das gewisse kleine Wörtchen, meine angebetete Mrs Corney."

„Ja", hauchte Mrs Corney.

24. Kapitel

Kümmert sich erneut um Oliver und fährt mit seinen Abenteuern fort

Hilflos und ohne Bewusstsein lag Oliver da, wo ihn Sikes und Crackit abgelegt hatten, bevor sie allein weitergeflohen waren. Sein linker, in aller Eile mit einem Tuch verbundener Arm, hing schwer und gelähmt an ihm herab, und das Tuch war dick mit Blut getränkt. Als er sich mühsam aufgerichtet hatte, blickte er sich nach Hilfe um und ächzte vor Schmerzen. Ohne richtig zu wissen, wie er aufgestanden war, taumelte er die Lattenzäune entlang, kroch durch Öffnungen in den Hecken und erreichte schließlich eine Straße.

Er sah sich um. Nicht allzu weit entfernt stand ein Haus, das er möglicherweise erreichen konnte. Vielleicht nahmen die Bewohner ihn auf. Jedenfalls, so überlegte er, würde es ihm leichter werden, in der Nähe menschlicher Wesen zu sterben als auf einsamem, offenem Feld. Er raffte seine ganze Kraft zusammen und taumelte auf das Haus zu.

Als er näher kam, beschlich ihn eine dunkle Erinnerung. Hatte er dieses Haus nicht schon einmal gesehen? Ja, es war dasselbe Haus, in das sie hatten einbrechen wollen!

Große Furcht überkam Oliver. Einige Augenblicke lang vergaß er den tödlichen Schmerz seiner Wunde und dachte daran zu fliehen. Aber wie sollte er das anstellen, geschwächt, wie er war? Und wohin hätte er gehen sollen? Er taumelte über den Rasen, stieg ein paar Stufen empor, klopfte an die Haustür und brach dann von plötzlicher Schwäche übermannt zusammen.

Drinnen im Gesinderaum, wo Giles, der Butler, und Brittles, der Hausknecht, gerade ihre nächtlichen Abenteuer bei der vergeblichen Verfolgung der Einbrecher schilderten, hörte man ein Geräusch. Nicht halb so mutig, wie sie ihren eigenen Erzählungen nach in der Nacht gewesen waren, schlichen Giles und Brittles zur Tür. Furchtsam spähten die beiden hinaus und endlich gewahrten sie den kleinen Oliver Twist, der bleich und erschöpft draußen kauerte und stumm um Erbarmen flehte.

Der Butler packte Oliver an einem Bein und einem Arm und zerrte ihn in die Halle. „Wir haben ihn, wir haben ihn!“, brüllte er dabei in größter Aufregung. „Wir haben einen von den Gaunern, Madame! Wir haben einen von den Einbrechern, gnädiges Fräulein. Und noch dazu verwundet! Ich habe ihn angeschossen, Miss, und Brittles hat das Licht dabei gehalten, Miss.“

„Ja, ja, die Laterne, Miss“, bestätigte Brittles und legte dabei seine Hände wie einen Trichter um den Mund, damit er besser zu hören war.

Mitten in den Tumult hinein ertönte plötzlich eine sanfte, wohlklingende Frauenstimme aus dem oberen Stockwerk: „Giles, Giles!“

„Hier bin ich, Miss, erschrecken Sie nicht, ich bin nicht verletzt. Ich habe ihn schnell überwältigt, Miss“, antwortete Giles.

„So seien Sie doch still!“, rief die Frauenstimme. „Sie erschrecken meine Tante gerade so, wie es vorhin die Diebe getan haben. Ist der arme Bursche schwer verletzt?“

„Ganz fürchterlich, Miss!“, rief Mr Giles wonnetrunken.

„Es sieht aus, als liege er im Sterben, Miss!“, schrie Brittles. „Kommen Sie doch bitte herunter und sehen Sie sich ihn selber an.“

„So seien Sie doch still“, wiederholte die Frau und befahl, den Verwundeten behutsam die Treppe heraufzutragen und in Giles’ Stube niederzulegen. Brittles solle sofort ein Pferd satteln und nach Chertsey reiten, um von dort einen Polizisten und einen Doktor zu holen.

In einem altmodisch eingerichteten Zimmer saßen zwei Damen an einem gedeckten Frühstückstisch. Giles, der, wie es sich für einen Butler geziemte, von Kopf bis Fuß in feierliches Schwarz gekleidet war, bediente sie.

Die eine der beiden Damen war hochbetagt, doch ihre Haltung war noch so aufrecht wie die des schweren Eichensessels, in dem sie saß. Ihre Augen waren aufmerksam auf ihre jugendliche Gefährtin gerichtet.

Die andere Dame war kaum siebzehn Jahre alt. Sie hatte ein wunderhübsches Gesicht und aus ihren blauen Augen strahlten Klugheit und Milde.

„Brittles ist wohl schon eine Stunde weg, nicht wahr?", fragte die alte Dame nach einer Pause.

„Seit einer Stunde und zwölf Minuten, Madame", antwortete Giles und warf einen Blick auf seine silberne Taschenuhr.

Da fuhr eine Droschke am Gartentor vor, ein alter Herr sprang heraus, stürmte die Treppe herauf, ins Zimmer hinein und rannte Giles mitsamt dem Serviertisch beinahe über den Haufen.

„Hat man so etwas schon gehört!", rief der alte Herr. „Oh, meine liebe Mrs Maylie, ein nächtlicher Einbruch! Hat man so etwas schon gehört!"

Besorgt schüttelte der alte Herr beiden Damen die Hand, rückte einen Stuhl heran und erkundigte sich nach ihrem Befinden.

„Der Tante und mir fehlt gar nichts", antwortete Miss Rose. „Aber oben im Zimmer bei Giles liegt ein armer Mensch, krank und verwundet, und die Tante wünscht, Sie möchten sich seiner annehmen."

„Natürlich, natürlich! Giles, führen Sie mich mal in das Zimmer. Ich komme noch einmal zu Ihnen, Mrs Maylie, wenn ich bei dem Verletzten gewesen bin."

Der Arzt blieb weit länger oben, als die beiden Damen angenommen hatten. Ein großer, flacher Kasten wurde aus der Droschke herausgeholt und immer wieder rief die Klingel das Dienstmädchen zu irgendwelchen Handreichungen nach oben.

Endlich kehrte der Arzt mit geheimnisvoller Miene zu den Damen zurück. „Es ist ein sehr bedenklicher, ja sogar ein ungewöhnlicher Fall, Mrs Maylie", berichtete er. „Haben Sie den Einbrecher gesehen?"

„Nein."

„Auch nichts über ihn gehört?"

„Nein."

„Entschuldigen Sie, Madame", schaltete Giles sich in das Gespräch ein. „Aber ich wollte Ihnen gerade über den Räuber berichten, als Dr. Losberne eintrat."

Giles hatte anfangs nicht erkannt, dass er im Grunde genommen ja nur einen Jungen und nicht etwa einen furchterregenden Einbrecher angeschossen hatte. Und dann hatte er den Ruhm für seinen Mut und seine Tatkraft so sehr genossen, dass er nicht so recht mit der Wahrheit hatte herausrücken wollen.

„Rose wollte hinauf, um ihn sich anzusehen", sagte Mrs Maylie. „Aber ich habe es ihr nicht erlaubt."

„Hm", hüstelte der Doktor. „Er ist nicht gerade Furcht einflößend. Hätten Sie etwas dagegen, ihn sich in meiner Gegenwart anzusehen?"

„Wenn Sie es für nötig halten", antwortete die alte Dame. „Ich bin bereit."

„Gut", sagte der Doktor. „Er ist jetzt vollkommen ruhig und zufrieden. Lassen Sie uns hinaufgehen. Nur keine Angst."

25. Kapitel

Was Olivers Besuch über ihn dachte

Mit umständlicher Galanterie führte Dr. Losberne Mrs Maylie und Miss Rose die Treppe hinauf.

„Nun bin ich gespannt, wie Sie wohl über ihn denken", flüsterte er und öffnete leise die Tür. „Doch halt, ich will erst sehen, ob er jetzt Besuch verträgt."

Er warf einen vorsichtigen Blick ins Zimmer und winkte den beiden Damen, ihm zu folgen. Dann zog er behutsam die Bettvorhänge zurück – und vor den Blicken der erstaunten Damen lag keineswegs ein wilder Einbrecher, wie sie erwartet hatten, sondern ein bleiches, abgezehrtes Kind, das fest schlief. Der verwundete Arm Olivers, in Bandagen gelegt und vom Blut gereinigt, ruhte auf seiner Brust.

Vorsichtig setzte sich Miss Rose auf den Bettrand, beugte sich über Oliver und strich ihm sanft das Haar aus der Stirn.

„Ich bin außer mir vor Staunen", flüsterte die alte Dame. „Dieses arme Kind kann doch nimmermehr ein Räuber sein."

„Manchmal sind Gottes jüngste und schönste Geschöpfe die größten Verbrecher", seufzte der Doktor.

„Können Sie glauben, dass dieses zarte Kind freiwillig zum Verbrecher geworden ist?", fiel ihm Miss Rose ins Wort. „Und selbst wenn er ein Verbrecher ist, bedenken Sie doch seine Jugend! Vielleicht hat er nie eine liebevolle Mutter gehabt, vielleicht nicht einmal ein Elternhaus gekannt. Oder er ist gar durch Schläge oder Hunger gezwungen worden, sich Verbrechern anzuschließen.“ Sie wandte sich an die alte Dame. „Tante, liebe Tante, du darfst nicht zulassen, dass der arme Kleine ins Gefängnis geschleppt wird. Man muss ihm doch zuerst Gelegenheit zur Besserung geben. Du hast mich liebevoll aufgezogen und mich nie fühlen lassen, dass ich ein Waisenkind war. Wenn du nicht gewesen wärst, wie leicht hätte ich in eine ähnliche Lage geraten können!“

„Mein liebes Kind“, sagte die alte Dame und schloss das weinende Mädchen in ihre Arme, „glaubst du denn, ich könnte ihm auch nur ein Haar krümmen? Was können wir tun, um ihn zu retten, Herr Doktor?“

„Lassen Sie mich einen Augenblick nachdenken, Madame“, sagte der Arzt. Und Dr. Losberne steckte die Hände in die Taschen, ging im Zimmer auf und ab, wippte auf den Zehenspitzen und zog die Stirn in schwere Falten.

Endlich sagte er: „Ich glaube, die Sache wird sich machen lassen, wenn Sie mir unumschränkte Vollmacht geben, Giles und Brittles gehörig ins Bockshorn zu jagen. Giles ist ein ehrlicher, treuer Mensch und ein alter Diener Ihres Hauses, das weiß ich, und Sie können ihm ja nebenbei als unerschrockenem Schützen eine Belohnung zuteilwerden lassen. Haben Sie etwas dagegen einzuwenden?“

„Wenn's nichts anderes gibt, um das Kind zu retten“, sagte Mrs Maylie. „Ich gebe Ihnen freie Hand.“

„Nun, dann passen Sie auf: Ich vermute, dass der Junge in etwa einer Stunde aufwacht. Aber ich werde dem Polizisten, der jeden Moment kommen wird, einschärfen, dass er den Patienten weder anreden noch sonstwie stören darf. Ich werde sagen, dass jede Aufregung seinen Tod bedeuten könne. Und so wird alles gut ablaufen. Stattdessen frage ich selbst den Jungen in Ihrer Gegenwart aus, und sollten wir aus seinen Antworten zur Überzeugung kommen, dass er ein Bösewicht ist, so überlassen wir ihn seinem Schicksal, ohne uns weiter um ihn zu kümmern. Was meinen Sie?"

„Ach nein, liebste Tante", flehte Miss Rose.

„Ach ja, liebste Tante", scherzte der Doktor. „Also, ist es abgemacht?"

Die beiden Damen waren einverstanden. Es dauerte länger, als Dr. Losberne vorausgesagt hatte. Viele Stunden lag Oliver in bleischwerem Schlaf. Erst am Abend konnte der Arzt den Damen die Nachricht bringen, dass der Junge bei Bewusstsein sei.

„Er ist sehr krank und durch den Blutverlust sehr geschwächt", erklärte der Doktor. „Aber offenbar quält ihn etwas. Er will etwas sagen, und bis er sich das nicht von der Seele geredet hat, wird er wohl keine Ruhe finden. Darum ist es am besten, sofort mit dem Verhör zu beginnen."

Es war eine lange Unterredung. Oliver erzählte den dreien schlicht und einfach die traurige Geschichte seines bisherigen Lebenslaufes. Oft musste er, von Schmerz und Schwäche überwältigt, innehalten. Der schauerliche Bericht der langen Reihe trostloser Leiden, die hartherzige Menschen über ihn verhängt hatten, hörte sich im Dunkel des Zimmers förmlich wie eine Anklage an.

Endlich hatte Oliver seine Erzählung beendet und schlief augenblicklich erschöpft ein. Der Doktor musste mehrfach seine Augen trocknen, und um davon abzulenken, schimpfte er laut über die Kurzsichtigkeit, von der man in seinem Alter befallen werde. Dann begab er sich hinab in die Küche, um seinen Feldzug gegen Giles und die anderen zu eröffnen.

Der Polizist war soeben eingetroffen, und Giles gab eine langatmige Schilderung seiner Geistesgegenwart zum Besten, als der Arzt eintrat.

„Wie geht es dem Kranken denn?“, fragte Giles.

„Nicht sehr gut“, antwortete der Doktor. „Ich fürchte nur, Giles, Sie haben sich da eine schöne Suppe eingebrockt.“

„Sie wollen damit doch nicht sagen, dass der Junge mit dem Tode ringt? Dann könnte ich nie wieder glücklich sein. Ich möchte das Leben des Jungen nicht auf dem Gewissen haben. Nicht um alles in der Welt.“

„Das meinte ich damit nicht“, versetzte der Doktor streng. „Können Sie und Brittles unter Eid aussagen, dass der Junge, der da oben liegt, auch wirklich derselbe Junge ist, der gestern durchs Fenster einstieg? Los, schnell! Ich bin sehr neugierig auf Ihre Antwort.“

Der Arzt, sonst überall als äußerst gutmütiger Herr bekannt, stellte diese Frage in so herrischem Ton, dass Giles und Brittles einander wie betäubt anstarrten.

„Geben Sie genau Acht, hören Sie, wie die Antwort lauten wird, Herr Kommissar“, wendete sich der Arzt feierlich an den Polizisten. „Die Folgen dieser Antwort sind nämlich sehr wichtig.“

Der Polizist blickte so weise drein, wie es ihm nur irgend möglich war.

„Es handelt sich nämlich um die Feststellung seiner Identität, verstanden?“

„Sehr richtig, Sir“, beeilte sich der Polizist zu sagen.

„Die Sache steht so“, begann der Doktor. „Hier im Haus wird eingebrochen. Ein paar Männer sehen bei Pulverdampf und in der Finsternis mitten im Tumult flüchtig einen Jungen. Am nächsten Morgen kommt ein Junge in dasselbe Haus und, weil er zufällig den Arm verletzt hat, packen ihn diese beiden Männer, bringen dadurch sein Leben in Gefahr und schwören, er sei der Dieb. Nun fragt man sich, können die beiden Männer ihr Vorgehen rechtfertigen?"

Der Polizist nickte tiefsinnig und gab Dr. Losberne recht.

Brittles richtete unsicher seine Augen auf Giles, dieser wiederum blickte ebenso unsicher auf Brittles. Der Polizist kratzte sich hinterm Ohr und horchte dann gespannt. Die Köchin und das Stubenmädchen beugten sich neugierig vor.

„Aber es geschah doch alles in bester Absicht, Sir", stammelte Giles. „Ich habe geglaubt, es sei der Einbrecherjunge, sonst hätte ich ihn doch nicht gepackt. Ich bin doch kein Unmensch, Sir."

„Sind Sie sich denn wirklich sicher, dass er einer der Einbrecher war?"

„Ich weiß es nicht. Ich weiß es wirklich nicht", jammerte Giles verzweifelt. „Beschwören könnte ich es nicht."

So zog der Polizist unverrichteter Dinge wieder ab.

Oliver blieb bei den beiden Damen. Anfangs hatte er noch starke Schmerzen. Viele Wochen musste er im Bett liegen. Doch dank der Fürsorge, die Mrs Maylie, Miss Rose und Dr. Losberne ihm zuteilwerden ließen, erholte er sich nach und nach und kam wieder zu Kräften.

Eine schwere Enttäuschung musste Oliver allerdings noch hinnehmen: Eines Tages, als es ihm schon wieder besser ging, fuhr Dr. Losberne mit ihm nach London, um Mr Brownlow aufzusuchen. Das war nämlich Olivers größte Sorge, dass der gute alte Herr und seine Haushälterin ihn weiterhin für einen undankbaren Dieb halten könnten, weil er damals nicht mit dem Geld und den Büchern zurückgekommen war. Doch als sie an dem Haus, in dem Mr Brownlow gewohnt hatte, vorfuhren, war dieses unbewohnt. Ein großes Schild informierte darüber, dass das Haus zu vermieten sei, und von den Nachbarn erfuhren sie, dass Mr Brownlow mit seiner Haushälterin und einem Freund nach Amerika gereist sei. Wohin genau er gefahren war und ob er jemals zurückkehren würde, wusste niemand zu sagen. Oliver war verzweifelt, als er dies erfuhr. Doch Mrs Maylie, Miss Rose und Dr. Losberne behandelten ihn weiterhin so besorgt und liebevoll, dass die Freude über die Güte seiner neuen Gastgeber bald überwog.

Inzwischen war der Frühling gekommen. Jeder Baum trieb bereits junges Grün und die ersten Blumen erblühten. Da beschlossen Olivers Gastgeberinnen, ihr Haus in Chertsey unter der Obhut der Dienerschaft zurückzulassen und mit Oliver für einige Monate in ihr Landhaus zu ziehen, das sich ein gutes Stück von der Stadt entfernt in einem malerischen kleinen Dorf befand.

Oliver, der seine Kindheit nur in grauen, schmutzigen Elendsvierteln verbracht hatte, lebte in dieser schönen und friedlichen Landschaft förmlich auf. Kletterrosen und Geißblatt rankten sich an den Wänden des Häuschens hinauf. Efeu umzog die Baumstämme, und die Blumen verbreiteten einen süßen Duft.

Jeden Morgen ging Oliver zu einem würdigen alten Mann, der unweit der kleinen Kirche wohnte und ihm Unterricht im Lesen und Schreiben erteilte. Dieser gab sich solche Mühe mit ihm, dass Oliver voller Fleiß und Eifer alles daransetzte, ihm eine Freude zu machen. Häufig ging Oliver auch mit Mrs Maylie und Miss Rose spazieren. Oder er saß bei den beiden Damen und hörte aufmerksam zu, wenn sie von Büchern sprachen oder wenn Miss Rose ihrer Tante vorlas. Abends setzte sich Miss Rose ans Klavier und spielte und sang mit leiser Stimme die alten Lieder, die ihre Tante so gern hörte. Zu solchen Stunden wurden niemals Lichter angezündet, und Oliver saß dann am Fenster, schaute in den dunklen Garten und lauschte verzückt der süßen Musik. Frühmorgens pflegte er schon gegen sechs auf den Beinen zu sein. Munter durchstreifte er die Felder und durchsuchte die Hecken nach Feldblumen, die er sorgfältig geordnet als Zierde auf den Frühstückstisch stellte.

So vergingen drei Monate – drei Monate, die die glücklichsten waren, die Oliver je erlebt hatte und in denen die beiden Damen den Jungen mehr und mehr lieb gewannen.

26. Kapitel

Worin das Glück Olivers und seiner Freunde getrübt wird

Der Frühling neigte sich dem Ende zu und der Sommer kam. Alles grünte und blühte in vollster, üppiger Pracht. Das ruhige Leben in dem kleinen Landhaus ging unverändert weiter und alle waren heiter und froh.

Eines Tages aber wurde Miss Rose schwer krank. Ihre sonst so rosige Gesichtsfarbe wich einer tödlichen Blässe und ein schweres Fieber ergriff die junge Frau.

Mrs Maylie sandte Oliver sofort mit einem Brief an Dr. Losberne in die nächste größere Ortschaft. „Vom dortigen Gasthof kann er per Eilbote weiterbefördert werden", erklärte die alte Dame Oliver. „Es ist wichtig, dass der Doktor schnell kommt." Sie überlegte einen Moment. „Hier hätte ich noch einen Brief", sagte sie dann. „Nur weiß ich nicht: Soll ich ihn sofort absenden oder soll ich warten? Ich möchte erst wissen, wie es mit Rose steht, und niemanden beunruhigen, solange das Schlimmste noch nicht zu befürchten ist."

Oliver warf einen Blick auf die Adresse und las: Mr Harry Maylie. „Soll ich ihn nun mitnehmen, Madame?", fragte er.

„Nein, noch nicht", murmelte Mrs Maylie. „Ich will lieber bis morgen warten."

Mit diesen Worten gab sie Oliver das Geld für den Eilboten, und er lief, so rasch er konnte, in Richtung der einige Meilen entfernten Ortschaft. Ohne einmal haltzumachen, rannte Oliver quer über die Felder und traf endlich auf dem kleinen Marktplatz des Ortes ein. Der Gasthof, wo er den Brief zur Weiterbeförderung aufgeben sollte, war ein großes Gebäude mit grün gestrichenem Balkenwerk. „Zum König Georg“ stand auf dem Schild.

Oliver sprach mit dem Wirt. Dieser war ein hochgewachsener Mann mit blauem Halstuch, weißem Hut, Lederhosen und Stulpenstiefeln. Er lehnte gerade an der Stalltür und stocherte sich mit einem Zahnstocher im Mund herum. Als Oliver sein Anliegen vorgebracht hatte, begab er sich bedächtig in die Gaststube und rechnete eine Ewigkeit herum, was das Schicken des Briefes wohl kosten mochte. Dann musste ein Pferd gesattelt werden. Darüber verstrichen abermals mehrere Minuten. Oliver konnte es vor Ungeduld und Unruhe kaum aushalten. Endlich aber war alles fertig, und der Bote gab dem Pferd die Sporen und sprengte über das holprige Pflaster des Marktplatzes. Wenige Minuten später konnte man ihn auf der Landstraße dahinjagen sehen.

Erleichtert wollte Oliver das Gasthaus verlassen. Gerade bog er um die Ecke der Hofeinfahrt, da prallte er gegen einen Mann.

„Pass doch auf!“, rief der Mensch, fuhr zurück und starrte Oliver an. „Teufel, wer ist das!“

„Entschuldigen Sie, Sir“, stotterte Oliver. „Ich war so in Eile, dass ich Sie nicht gesehen habe.“

„Was zur Hölle!“, zeterte der Mann und wandte keinen Blick von Oliver. „Selbst aus dem Grab würde dieser Teufel auferstehen und sich mir in den Weg stellen!“

„Es tut mir wirklich leid“, stammelte Oliver, ganz verwirrt durch den hasserfüllten Blick des Mannes. „Ich habe Ihnen doch hoffentlich nicht wehgetan?“

„Verfaulen sollst du, verdammte Mistkröte!", stieß der Mann zwischen den Zähnen hervor. „Was treibst du dich hier herum?" Blind vor Wut ballte der Mann die Faust und holte zu einem Schlag gegen Oliver aus. Doch ehe es dazu kam, stürzte er auf den Boden, wand sich in Krämpfen und weißer Schaum trat ihm vor den Mund.

Einen Moment lang starrte Oliver entsetzt auf den Wahnsinnigen – denn dafür hielt er ihn – und rannte dann ins Haus hinein, um Hilfe zu holen.

Den ganzen Rückweg grübelte Oliver über die seltsame Begegnung nach. Als er endlich wieder im Landhaus angelangt war, verscheuchte er den Gedanken, denn jetzt galt es, Mrs Maylie in ihrer Sorge um Miss Rose beizustehen.

Bereits gegen Mitternacht lag Miss Rose in heftigen Fieberkrämpfen. Der Dorfarzt wich keine Sekunde von ihrem Bett. Er hatte schon, als er noch kaum einen Blick auf die Kranke geworfen hatte, Mrs Maylie beiseitegenommen und ihr gesagt, die Krankheit der jungen Dame sei so beunruhigend, dass nur noch ein Wunder helfen könne.

Oft sprang Oliver in dieser Nacht aus seinem Bett und schlich auf den Zehen zum Krankenzimmer, um an der Tür zu horchen. Lange betete er, dass der Tod Miss Rose verschonen möge.

Endlich kam der Morgen. In dem kleinen Landhaus herrschte Stille. Nur ab und zu war ein besorgtes Flüstern zu hören. Vor dem Haus erschienen ängstlich dreinblickende Frauen und Kinder, denen Miss Rose im Laufe der Zeit geholfen und beigestanden hatte. Mit Tränen in den Augen schlichen sie wieder weg. Den ganzen Tag, bis zum späten Abend, ging Oliver unruhig im Garten auf und ab.

Es war schon fast Mitternacht, als Dr. Losberne ankam. „Eine schlimme Sache!“, sagte er mit traurigem Blick. „So jung, so sehr geliebt und so wenig Hoffnung!“

Am nächsten Morgen schien die Sonne so hell und klar, als gäbe es kein Elend und keine Sorgen auf Erden. Und doch rang in ihrem Zimmer eine schöne junge Frau mit dem Tode. Oliver schlich auf den alten Friedhof, setzte sich auf einen der grün bemoosten Grabhügel und weinte und betete für Miss Rose, während die Vögel unbeirrt weitersangen.

Als Oliver nach Hause kam, saß Mrs Maylie unbeweglich im Wohnzimmer. Von ihr hörte er, dass Rose in einen tiefen Schlaf gesunken sei, der ihr entweder die Genesung oder den Tod bringen würde. Stundenlang blieben die alte Frau und der Junge beieinander sitzen, ohne ein Wort zu sprechen. Unberührt wurde das Essen wieder hinausgetragen.

Stumm blickten sie hinaus auf die sinkende Sonne, die über Himmel und Erde leuchtende Farben warf. Plötzlich hörten sie das Geräusch nahender Schritte. Unwillkürlich sahen sie beide zur Tür, und Dr. Losberne trat ein.

„Wie geht es Rose?“, rief die alte Dame. „Bitte, reden Sie! Schnell! Ich kann es nicht länger ertragen. Alles, nur dieses ewige Bangen und Hoffen nicht!“

„Sie hat es geschafft“, sagte der Doktor. „Gott ist gütig und barmherzig und wird sie noch viele Jahre leben lassen, uns allen zum Glück.“

Die alte Frau fiel auf die Knie und wollte die Hände zu einem Dankgebet falten, aber die Kraft verließ sie, und sie sank in die Arme des Arztes, der sie behutsam emporhob.

27. Kapitel

Über einen jungen Herrn, der nun den Schauplatz betritt, und über ein neues Abenteuer von Oliver

Das Glück war unbeschreiblich. Oliver war durch die unverhoffte Nachricht wie betäubt und machte einen langen Spaziergang in der friedlichen Abendluft, um seiner Gefühle Herr zu werden.

Es dunkelte bereits, als er sich auf den Heimweg machte. In der Hand trug er einen mächtigen Blumenstrauß, den er als Schmuck für das Krankenzimmer gepflückt hatte. Plötzlich hörte er, dass sich hinter ihm auf der Straße ein Wagen näherte. Er blickte sich um. Es war eine Postkutsche, und da der Weg ziemlich schmal war und der Postillion im Galopp fuhr, drückte Oliver sich dicht an ein Gartentor, um nicht überfahren zu werden. Doch der Kutscher brachte mit einem Ruck die Pferde zum Stehen.

„Komm her!", rief eine Stimme. „Oliver, wie geht's Miss Rose?" Es war Giles, Mrs Maylies Butler.

„Rasch, sag schon: Geht's ihr besser oder schlechter?", rief ein junger Herr dazwischen, während sich Giles zurückzog.

„Besser, viel besser", erwiderte Oliver mit jauchzendem Ton. „Dr. Losberne hat gesagt, alle Gefahr sei jetzt vorüber."

„Gott sei Dank!", jubelte der junge Herr, sprang aus dem Wagen und zog Oliver an sich. Oliver sah, dass er Tränen in den Augen hatte, und auch Giles, der sich, wie es sich für einen Butler geziemte, im Hintergrund hielt, musste sich die Augen wischen.

„Fahren Sie inzwischen rasch ins Haus meiner Mutter, Giles“, befahl der junge Herr. „Ich selbst komme langsam nach. Ich muss mich erst ein wenig sammeln, bevor ich sie begrüßen kann. Richten Sie ihr aus, ich käme gleich.“

„Sehr wohl, Mr Maylie.“

Gemeinsam mit Oliver ging Mr Maylie den Rest des Weges zu Fuß. Oliver blickte den jungen Herrn von Zeit zu Zeit neugierig von der Seite an. Harry Maylie war ungefähr fünfundzwanzig Jahre alt und mittelgroß. Offenheit lag in seinem wohlgeformten Gesicht, und sein Benehmen war das eines vornehmen jungen Mannes.

Mrs Maylie wartete bereits ungeduldig, und das Wiedersehen zwischen Mutter und Sohn war ergreifend.

„Warum hast du mir nicht schon früher geschrieben, Mama?“, klagte Harry.

„Ich habe es wohl getan“, erwiderte Mrs Maylie. „Aber dann habe ich mich entschieden, den Brief erst abzuschicken, wenn Dr. Losbernes Gutachten feststünde. Wenn das Schlimmste eingetreten wäre, Harry, hättest du das früh genug erfahren.“

„Mein Glück wäre dann für immer dahin gewesen“, versetzte der junge Mann. „Das weißt du, Mutter.“

Nun begrüßte auch Dr. Losberne den Neuankömmling herzlich und berichtete ihm ausführlich über die Krankheit und das Befinden der Patientin.

Es wurde ein fröhlicher Abend. Der Doktor war besonders gut aufgelegt. Er erzählte immer neue Anekdoten aus seiner Praxis und steckte so alle mit seiner guten Laune an. Und auch in den folgenden Tagen herrschte nichts als Freude im Haus. Harry Maylie gewöhnte es sich bald an, Oliver auf seinen morgendlichen Streifzügen zu begleiten.

Gemeinsam sammelten sie die schönsten Blumen und brachten Miss Rose jeden Morgen einen Strauß in ihr Krankenzimmer.

Auch im Unterricht war Oliver nun wieder mit mehr Eifer bei der Sache und lernte so fleißig, dass er über seine Fortschritte selbst erstaunt war. So wäre also alles in bester Ordnung gewesen, wenn Oliver nicht durch ein völlig unerwartetes Ereignis erschreckt und verängstigt worden wäre.

Eines Abends saß Oliver eifrig in seine Schulbücher vertieft am Fenster. Endlich hatte er seine Aufgaben beendet. Erschöpft blickte er auf und schaute aus dem Fenster, von dem er, obwohl die Dämmerung bereits eingesetzt hatte, weit über die Wiesen bis zum Waldrand sehen konnte. So sank er allmählich in einen leichten Schlaf. Plötzlich war ihm, als befände er sich wieder im Haus des alten Fagin. Der schreckliche Alte saß in seiner Ecke, deutete auf ihn und flüsterte einem anderen Mann etwas zu, der mit abgewandtem Gesicht neben ihm saß.

„Sehen Sie, mein Freund“, so meinte Oliver Fagins Stimme zu hören, „sehen Sie: Er ist es!“

„Glauben Sie, ich erkenne ihn nicht?“, antwortete der andere. „Ich würde ihn selbst dann herausspüren, wenn er hundert Doppelgänger hätte, die um ihn herumspukten. Und wenn er fünfzig Fuß tief unter der Erde begraben läge, wüsste ich, wo er liegt.“

Der Mann schien die Worte mit einem furchtbaren Hass zu sprechen, sodass Oliver schweißgebadet aufwachte und emporfuhr. Gott im Himmel! Oliver war schreckensstarr. Dort am Fenster, dicht vor ihm, so dicht, dass man ihn hätte anfassen können, stand Fagin. Mit seinen entzündeten Augen blickte er durch die Scheibe und starrte ihn an. Und neben ihm, weiß wie der Kalk an der Wand,

stand jener andere, der ihn neulich vor dem Gasthof der nächsten Ortschaft angeschrien hatte.

Es war nur ein Augenblick gewesen, kurz wie ein Blitz, dann waren die beiden weg. Aber sie hatten ihn erkannt, und er hatte sie erkannt. Ihr Blick hatte sich in sein Gedächtnis eingegraben. Eine Sekunde stand Oliver wie angewurzelt, dann sprang er mit einem Satz aus dem Fenster in den Garten hinaus und rief laut um Hilfe.

Von Olivers Hilferufen alarmiert, eilten die Hausbewohner herbei. Sie fanden ihn bleich und erregt mit dem Arm auf die Wiesen zeigend und mühsam die Worte hervorstoßend: „Fagin! Fagin und noch ein Mann! Dort!"

Harry Maylie, der von seiner Mutter Olivers Geschichte erfahren hatte, begriff sofort. „In welche Richtung ist er davon?", fragte er.

Oliver zeigte in die Richtung, in die er die beiden Männer hatte forteilen sehen.

„Dann werden wir sie schon einholen", sagte Mr Maylie. „Folgt mir alle und haltet euch dicht an mich."

Mit diesen Worten sprang er über die Hecke und eilte so rasch davon, dass ihm die anderen kaum zu folgen vermochten.

Doch ihr Suchen war vergeblich, nicht einmal frische Fußspuren entdeckten sie. Endlich standen sie auf einem kleinen Hügel, von dem aus sie alle Felder, Wiesen und Äcker übersehen konnten.

„Du musst geträumt haben", sagte Harry, als sie nichts erblickten.

„Nein, Sir, wirklich nicht", erwiderte Oliver zitternd. „Ich habe ihn deutlich gesehen. Ich habe beide so deutlich gesehen, wie ich Sie jetzt vor mir sehe."

„Wer war denn der andere?", fragten Harry und Dr. Losberne zugleich.

„Derselbe Mann, von dem ich Ihnen sagte, dass ich ihn kürzlich am Gasthof getroffen habe", antwortete Oliver.

„Wir starrten einander in die Augen, und ich kann beschwören, dass er es war."

„Bist du sicher, dass sie diesen Weg genommen haben?"

„Ganz sicher", versicherte Oliver und zeigte zu der Hecke zwischen Garten und Wiesengrund. „Dort hab ich sie gesehen. Der große Mann sprang hinüber und Fagin hat sich etwas weiter rechts durch diese Lücke gedrängt."

Die beiden Herren sahen Oliver an, dass er die Wahrheit sprach. Und doch war keine Spur von den beiden Flüchtenden zu entdecken. Nirgends zeigten sich auch nur die geringsten Fußspuren.

Sie forschten weiter und suchten alles ab, bis es zu dunkel geworden war, um etwas zu sehen.

Am nächsten Tag machten sie sich erneut auf die Suche, aber ihre Bemühungen blieben ohne Erfolg. So gaben sie es auf, und nach und nach geriet der Vorfall in Vergessenheit.

Mittlerweile war Miss Rose vollends genesen. Sie konnte wieder ausgehen, und Freude herrschte in der Familie. Und doch spürte der sensible Oliver, dass es etwas gab, das Mrs Maylie, ihren Sohn und Miss Rose bedrückte.

Eines Morgens, als Rose gerade im Wohnzimmer allein war, trat Harry Maylie herein und bat sie mit einigem Stocken um die Erlaubnis, ein paar Worte unter vier Augen mit ihr reden zu dürfen.

„Es wird nicht lange dauern, Rose", sagte er und setzte sich zu ihr. „Was ich dir zu sagen habe, weißt du wohl schon lange. Die glühendsten Hoffnungen meines Herzens werden dir nicht unbekannt sein, wenn du sie auch noch nicht von meinen Lippen vernommen hast." Er schwieg eine Weile. Dann fuhr er fort: „Ich hätte längst abreisen sollen."

„Das stimmt", versetzte Rose. „Verzeih, dass ich dir dies so offen sage, aber ich wollte, es wäre so gewesen."

„Ich hatte schreckliche Angst um dich", fuhr der junge Mann fort. „Du warst dem Tode nahe, und du bist mir das Wertvollste auf Erden. Und dann wurdest du wieder gesund. Ich habe mit angesehen, wie du vom Tod wieder zum Leben zurückschwebtest. Ich musste hier sein und es sehen – mit eigenen Augen, die fast blind geworden sind vor Angst und inniger Liebe. Sage nicht, dass es dir lieber gewesen wäre, wenn ich dies alles nicht miterlebt hätte."

Tränen traten dem schönen Mädchen in die Augen, als sie diese Worte vernahm. „Das wollte ich damit nicht sagen. Ich hätte nur gern gesehen, dass du wieder fortgefahren wärest, um dich weiter deinen hohen und edlen Lebenszielen zu widmen."

„Es gibt kein Ziel, das meiner würdiger wäre, als das Streben, ein Herz wie das deinige zu gewinnen", erwiderte der junge Mann und ergriff ihre Hand. „Rose, ich habe dich seit vielen Jahren geliebt. Immer habe ich gehofft, dass ich eines Tages, wenn ich Erfolg und Anerkennung erlangt hätte, stolz heimkehren dürfte, um dir zu sagen, dass ich mir all das nur erarbeitet habe, um es mit dir zu teilen. Noch ist es nicht so weit. Aber ich biete dir jetzt, auch ohne mein Ziel erreicht zu haben, mein Herz dar. Es ist schon lange dein."

„Du warst immer edel und vornehm", sagte Rose, der es schwerfiel, ihre Gefühle zu beherrschen. „Und du sollst wissen, dass ich weder gefühllos noch undankbar bin. Ich will, dass wir weiter gute Freunde sind, wie wir es in unserer Jugend waren. Aber der Gegenstand deiner Liebe darf ich nicht sein. Ich habe kein Vermögen und trage einen Makel auf meinem Namen. Ein Mädchen, das weder über eine Mitgift noch über eine gute Herkunft verfügt, wäre ein Hemmnis für all deine Hoffnungen und Pläne. Deine Freunde und Förderer würden dich meiden. Gerade weil ich dich liebe, ist es meine Pflicht zu verhindern, dass du dich in der Aufwallung deines Herzens an mich bindest und so dein eigenes Vorwärtskommen verhinderst."

„Du erwiderst also meine Liebe?", fragte Harry. „Sag nur dies eine Wort, liebe Rose, dieses eine Wort – und nimm damit deinen übrigen Worten alle Bitternis."

„Ja, und wenn du ein anderes Schicksal gehabt hättest und gesellschaftlich nicht so hoch über mir stündest, hätte unsere Liebe vielleicht eine Chance. Jetzt aber wäre ich dir in der Welt nur hinderlich." Sie brach in Tränen aus. „Du merkst, auch ich bin schwach, Harry. Aber gerade das bestärkt mich in meinem Entschluss. Wir müssen uns jetzt trennen." Mit diesen Worten streckte sie ihm die Hand zum Abschied entgegen.

„Ich bitte dich nur um ein Versprechen", flehte Harry. „Lass mich ein Mal noch, nur ein einziges Mal – sagen wir in einem Jahr, vielleicht aber auch schon viel früher – noch ein Mal mit dir über alles reden."

„Meine Entscheidung wird dann nicht anders lauten", antwortete Rose bitter lächelnd.

„Dennoch will ich in einem Jahr deinen Entschluss, wenn er feststeht, aus deinem Mund noch einmal hören. Ich will zu deinen Füßen niederlegen, was ich dann besitze: Stellung und Vermögen. Und beharrst du dann immer noch auf deiner Entscheidung, so werde ich sie weder durch Worte noch durch Handlungen zu ändern versuchen."

„Gut, es gilt", versetzte Rose. „Es wird nur eine Wiederholung von Schmerz und Leid sein. Aber es soll so sein."

Noch einmal streckte sie die Hand aus. Der junge Mann zog sie an seine Brust, drückte Rose einen Kuss auf die Stirn und eilte dann aus dem Zimmer.

„Sie sind also entschlossen, mich heute zu begleiten, wie?", fragte Dr. Losberne, als Harry sich am nächsten Morgen beim Frühstück zu ihm und Oliver gesellte. „Aber ich kenne Sie doch. Ihre Entschlüsse schwanken wie ein Blatt im Wind. Gestern Morgen hatten Sie den Entschluss gefasst, hierzubleiben. Und gestern Abend taten Sie dann plötzlich furchtbar geheimnisvoll und sagten, sie wollten in aller Frühe, noch ehe die Damen erscheinen, abreisen. Nun muss unser armer Oliver hier beim Frühstück sitzen, statt wie gewohnt über Wiesen und Felder zu strolchen. Schlimm, nicht wahr, Oliver?"

„Es hätte mir doch sehr leidgetan, wenn Mr Maylie abgereist wäre, und ich wäre nicht zu Hause gewesen", erwiderte Oliver.

„Das ehrt dich!", rief der Doktor. „Aber jetzt mal im Ernst, Harry: Hat eine Mitteilung Ihrer hohen Gönner und Freunde Ihre Abreise so beschleunigt?"

„Sie spielen wahrscheinlich auf meinen Onkel an", erwiderte Mr Maylie. „Ich versichere Ihnen, ich habe keine Nachricht von ihm erhalten."

„Umso seltsamer", fuhr der Doktor fort. „Nun, besagte Gönner werden Ihnen noch vor Weihnachten, wenn wieder Wahlen sind, den Weg ins Parlament geebnet haben.

Und Ihre Art, immerwährend Ihre Meinung und Ihre Beschlüsse zu ändern, sind eine gute Vorbereitung für das Leben als Politiker."

Kurz darauf fuhr der Wagen vor. Giles holte das Gepäck und Dr. Losberne half ihm dabei.

Währenddessen zog Harry Oliver ein wenig zur Seite. „Du kannst jetzt recht gut schreiben", sagte er.

„So ziemlich, Sir."

„Ich komme so bald nicht wieder nach Hause und hätte gern, dass du mir schreibst. In der Woche einmal, willst du das tun?"

„Gerne, Sir!", rief Oliver, äußerst erfreut über den Auftrag.

„Ich wünsche, von dir zu hören, wie es meiner Mutter und Miss Rose geht. Schreib mir immer, womit ihr die Zeit verbringt und ob es ihnen gut geht und sie zufrieden sind. Verstehst du mich?"

„Vollkommen, Sir."

„Du darfst ihnen aber nichts davon sagen. Es würde meine Mutter nur unnötig beunruhigen, deshalb muss es ein Geheimnis zwischen uns bleiben."

Oliver versprach es.

Der Doktor saß bereits im Wagen. Harry warf noch einen flüchtigen Blick zu Roses Fenster hinauf und stieg dann gleichfalls ein. Man sagte Lebewohl und die Kutsche fuhr polternd und rasselnd davon. Bald war sie nur noch als Punkt auf der Straße zu erkennen. Erst als gar nichts mehr zu sehen war, gingen Oliver und die Dienerschaft wieder ins Haus. Nur Rose, die hinter den Vorhängen gestanden hatte, als Harry hinaufblickte, sah noch lange, lange in die Ferne hinaus.

„Er scheint ganz heiter und zufrieden zu sein", murmelte sie vor sich in. „Ich fürchtete das Gegenteil und bin froh, dass ich mich getäuscht habe." Doch während sie dies sagte, flossen ihr Tränen über die Wangen.

28. Kapitel

Worin der Leser einen Gegensatz bemerken mag, der zwischen Eheleuten nicht ungewöhnlich ist

Mr Bumble saß in seinem Wohnzimmer im Armenhaus und blickte nachdenklich vor sich hin. Er hatte Mrs Corney geheiratet. Nun waren sie Mr und Mrs Bumble und verwalteten gemeinsam das Armenhaus. Ein anderer Gemeindediener war zu Amt und Würden gelangt.

„Morgen sind's zwei Monate", sagte Mr Bumble seufzend. „Mir scheint es wie ein Jahrhundert. Ich habe mich für sechs Teelöffel, eine Zuckerzange, eine Milchkanne, ein Zimmer voll Gerümpel und zwanzig Pfund in Gold verkauft – viel zu billig."

„Billig?", gellte ihm eine schrille Stimme ins Ohr. „Du wärst für einen Penny zu teuer gewesen. Der Himmel weiß, um wie viel ich dich überzahlt habe."

Mr Bumble drehte sich um und blickte in das Antlitz seiner Gattin, die sein kurzes Selbstgespräch zwar nur in Bruchstücken verstanden hatte, aber ihre Bemerkung auf gut Glück hinwarf.

„Na hör mal! Sieh mich gefälligst an!", rief Mr Bumble in strengem Ton und starrte sie fest an – mit einem Blick, der bei den armen Leuten seine Wirkung nie verfehlt hatte.

Ob sich arme Leute einfach leichter durch Blicke einschüchtern lassen oder ob die verwitwete Mrs Corney und jetzige Mrs Bumble ganz besonders unempfindlich gegen Adlerblicke war, ist schwer zu sagen. Jedenfalls ließ sich die würdige Dame nicht im Geringsten beeindrucken, sondern lachte nur schrill und geringschätzig auf. „Du willst wohl den ganzen Tag dasitzen und schnarchen, was?“, fragte sie.

„Ich werde so lange hier sitzen bleiben, wie es mir passt“, erwiderte Mr Bumble. „Das ist mein gutes Recht!“

„Dein Recht?“, höhnte Mrs Bumble mit unsäglicher Verachtung.

„Jawohl!“, sagte Mr Bumble. „Und da wir gerade dabei sind: Es ist das Recht des Mannes zu befehlen. Also richte dich danach!“

„Und welches Recht steht dann der Frau zu, du Esel?“, schrie sie.

„Das Recht zu gehorchen!“, donnerte Mr Bumble. „Dein seliges Rindvieh von Mann hätte dir Gehorsam beibringen sollen. Vielleicht würde er dann heute noch leben. Ich würde es ihm von Herzen gönnen, dem armen Kerl.“

Mrs Bumble war sofort klar, dass es jetzt ums Ganze ging. Entweder ihm oder ihr musste die Herrschaft zufallen. Kaum hatte sie die Anspielung auf ihren verstorbenen Gatten vernommen, da sank sie in einen Stuhl und kreischte: Mr Bumble sei ein hartherziges Ungeheuer. Dann gab sie einen Weinkrampf erster Ordnung zum Besten.

Tränen aber konnten Mr Bumble nicht rühren. Sein Herz war wasserdicht. Wer weinte, war schwach und erkannte dadurch seine Macht an. Zufrieden blickte er seine Gattin an und sagte: „Heul du nur. Das ist sehr gesund, wie jeder Arzt weiß. Es weitet die Lungen, säubert das Gesicht und schärft die Augen. Also heul nur recht fest drauflos.“ Damit setzte er seinen Hut auf und stolzierte siegessicher zur Tür.

Mit den Tränen hatte es Mrs Bumble jedoch nur versucht, weil es weniger anstrengend war als ein handfester Angriff. Nun wechselte sie die Taktik. Im nächsten Augenblick flog Mr Bumbles Hut in die Ecke. Dann fuhr sie ihm mit der einen Hand an die Kehle und ließ mit der anderen eine Reihe von Schlägen auf den kahlen Schädel ihres Gatten niedersausen. Schließlich ging sie dazu über, ihm das Gesicht zu zerkratzen. Als Mrs Bumble ihren Sieg vorläufig für ausreichend erachtete, warf sie ihren Mann über einen gerade günstig dastehenden Sessel und forderte ihn auf, noch einmal von seinen Rechten zu sprechen, wenn er sich traue.

„Nun schau, dass du hinauskommst, sonst geschieht etwas Fürchterliches!", rief Mrs Bumble herrisch.

Kläglich stand er auf und sann sichtlich darüber nach, wie so etwas Fürchterliches sich wohl anfühlte. Dann hob er seinen Hut auf und verließ eilig den Raum. Mrs Bumble blieb als Siegerin auf dem Schlachtfeld zurück.

Düster vor sich hin grübelnd ging Mr Bumble eine Weile durch die Gänge. Dabei kam er an einem Raum vorbei, in dem die Armenhäuslerinnen die Wäsche zu machen pflegten. Durch die Tür hörte er Stimmen. Die Frauen unterhielten sich, statt anständig zu arbeiten. Wenigstens sie sollten seine Macht zu spüren bekommen.

Mr Bumble riss die Tür auf und betrat stolz und grimmig den Raum. „Hallo! Was ist das hier für ein Spektakel, ihr Weibsbilder!", rief er.

Da erblickte er seine Gattin und sank in sich zusammen. „Ei, liebes Frauchen", sagte er. „Ich habe dich gar nicht hier vermutet."

„So, du hast nicht gewusst, dass ich da bin!“, kreischte Mrs Bumble. „Und was willst du hier?“

„Die Weiber zur Arbeit anhalten“, versetzte Mr Bumble mit einem unsicheren Blick auf ein paar alte Weiber, die am Waschfass standen und höchst verwundert schienen über die unterwürfige Haltung des gnädigen Herrn.

„Du meinst, es würde hier nur geschwatzt, was?“, ereiferte sich Mrs Bumble. „Was geht das dich an?“

„Aber, liebes Frauchen ...", wandte Mr Bumble ein.

„Nun also, raus mit der Sprache. Was es dich angeht, will ich wissen", herrschte Mrs Bumble ihren Gatten an.

„Natürlich, liebes Frauchen", gab Mr Bumble kleinlaut zu, „natürlich geht's dich am meisten an. Ich dachte nur, du seist nicht hier."

„Ich will dir was sagen, Bumble!", schrie die würdige Gattin. „Wir brauchen deine Einmischung nicht, verstanden? Steck deine Nase nicht in Sachen, die dich nichts angehen. Hier im Haus lachen sowieso schon alle über dich, sobald du ihnen den Rücken zukehrst. Du machst dich ja jeden Tag lächerlich. Scher dich hinaus, marsch!"

Mr Bumble schüttelte sich, als er sah, wie die alten Weiber die Köpfe zusammensteckten und kicherten. Einen Augenblick blieb er zögernd stehen.

Da griff Mrs Bumble nach einem Topf voll Seifenlauge, deutete zur Tür und befahl ihm, sofort zu verschwinden, wenn er mit dem Inhalt nicht nähere Bekanntschaft machen wolle.

Was hätte Mr Bumble tun sollen? Er schaute betrübt umher und schlich von dannen. Als er an der Tür war, brachen die Frauen in der Waschküche in schallendes Gelächter aus. Das hatte gerade noch gefehlt: Herabsetzung seiner Würde vor den Augen Untergebener – wo er doch eine Amtsperson war!

„Und das alles in wenigen Wochen", sagte Mr Bumble zu sich selbst im Hinausgehen. „Früher war ich nicht nur Herr meiner Zeit, sondern auch Herr über andere. Und jetzt?"

Es war wirklich zu viel für ihn. Mr Bumble gab dem Jungen, der ihm das Tor öffnete, ein paar Ohrfeigen und schlich bedrückt hinaus auf die Straße.

Dort spazierte er ein wenig hin und her, bis er sich halbwegs beruhigt hatte. Schließlich kam er in eine Seitengasse. Vor einer Kneipe blieb er stehen und spähte vorsichtig durch ein Fenster.

Als Mr Bumble sah, dass nur ein Mann in der Gaststube saß, war er beruhigt, denn nach Gesellschaft war ihm im Moment nicht. Er betrat die Kneipe.

Der andere war hochgewachsen, von dunkler Gesichtsfarbe und trug einen weiten Mantel. Mr Bumble kümmerte sich wenig um ihn, sondern trank stumm seinen Whisky. Doch seine Stimmung wurde immer gereizter, da er, sooft er aufblickte, einen merkwürdig stechenden Ausdruck im Auge des Fremden bemerkte, der ihn mit unverhohlenem Misstrauen beobachtete.

Endlich brach der Fremde das Schweigen und fragte mit scharfer Stimme: „Haben Sie vielleicht mich gesucht, als Sie vorher zum Fenster hereinspähten?"

„Entschuldigen Sie. Ich dachte nur, Sie seien …" Mr Bumble brach ab, denn er war jetzt neugierig, den Namen des Mannes zu erfahren, und glaubte, dieser würde ihn jetzt nennen.

„Ist schon gut. Ich sehe, Sie wissen meinen Namen nicht", sagte der Fremde höhnisch. „Ich möchte Ihnen auch nicht raten, sich danach zu erkundigen."

„Ich habe es nicht böse gemeint, junger Mann", sagte Mr Bumble majestätisch.

„Ist ja auch nicht weiter schlimm."

Abermalige Pause.

Dann fing der Fremde wieder an: „Ich muss Sie doch schon einmal gesehen haben. Waren Sie vielleicht früher hier Gemeindediener?"

„Früher schon. Jetzt bin ich Armenhausvorstand."

„Richtig", brummte der Fremde. „Jetzt erinnere ich mich. Sind Sie immer noch so auf Ihren Vorteil bedacht wie früher?", setzte er scharf hinzu und blickte Mr Bumble lauernd an.

„Man muss stets auf seinen Vorteil bedacht sein", sagte Mr Bumble sanft. „Beamte werden nicht gut bezahlt und müssen sich nach Nebenverdiensten umsehen."

Der Fremde lächelte und nickte. Dann rief er den Wirt und sagte: „Schenken Sie dem Herrn noch einmal ein."

Als der Wirt wieder draußen war, fuhr er fort: „Und jetzt hören Sie zu, was ich Ihnen sage. Ich bin heute hergekommen, um Sie zu suchen. Dass Sie hier hereinkamen, war Zufall. Ich möchte etwas von Ihnen wissen. Natürlich nicht umsonst." Damit schob er dem ehemaligen Gemeindediener ein paar Goldmünzen zu. „Denken Sie einmal ein paar Jahre zurück! Geht das? Letzten Winter waren's gerade zwölf Jahre."

„Eine lange Zeit", seufzte Mr Bumble.

„Schauplatz: das Armenhaus."

„Gut."

„Zeit: Mitternacht."

„Ja."

„Ort: das Wöchnerinnenzimmer. Ein Junge wurde dort geboren."

„Viele Jungen", meinte Mr Bumble und schüttelte mutlos den Kopf.

„Ich meine einen bestimmten Jungen, einen schwächlichen Jungen mit blassem Gesicht, der hier bei einem Leichenbestatter in die Lehre gegeben wurde und dann, wie es hieß, nach London davongelaufen ist."

„Ach, Sie meinen den jungen Oliver Twist!“, rief Mr Bumble. „Freilich entsinne ich mich seiner. Einen boshafteren, niederträchtigeren Burschen habe ich in meinem ganzen Leben nicht gesehen.“

„Ich will nichts von ihm hören“, grollte der Fremde. „Über das Weibsbild will ich etwas wissen, das seine Mutter gepflegt hat. Wo steckt sie?“

„Wo sie steckt?“, fragte Mr Bumble schlau, um Zeit zu gewinnen. „Das ist schwer zu sagen. Wo sie sich jetzt aufhält, braucht man keine Hebammen. Sie wird wahrscheinlich arbeitslos sein.“

„Was soll das heißen?“, fragte der Fremde streng.

„Sie hat letzten Winter das Zeitliche gesegnet“, erwiderte Mr Bumble.

Der Fremde sah ihn überrascht an. Er schien sich noch nicht klar darüber zu sein, ob ihm die Nachricht gefallen oder nicht gefallen sollte. Endlich atmete er auf und sagte so nebenhin, es sei ihm gleichgültig, ob sie noch lebe oder nicht. Dann stand er auf und wollte fortgehen.

Aber Mr Bumble war zu klug, um nicht zu merken, dass sich hier die Gelegenheit bot, gewisse Geheimnisse, in deren Besitz seine Gattin sich befand, teuer zu verkaufen. Er erinnerte sich ziemlich genau an die Nacht, in der die alte Sally gestorben war. Er erinnerte sich ihrer sogar sehr genau. Denn es war die Nacht gewesen, in der er Hand und Herz seiner geliebten Ehegattin gewonnen hatte. Er sagte also mit geheimnisvoller Miene: „Aber die alte Sally ist kurz vor ihrem Tod mit einer Frau allein gewesen, die Ihnen sicher besser als ich Auskunft geben kann.“

„Wo ist diese Person zu finden?“, fragte der Fremde rasch.

„Das kann nur ich allein Ihnen sagen.“

„Wann?“

„Morgen.“

„Also um neun Uhr abends“, sagte der Fremde, zog einen Briefbogen hervor und schrieb darauf die Adresse eines Hauses in einem verrufenen Stadtviertel nahe der Themse.

„Kommen Sie also morgen um neun Uhr abends mit der betreffenden Person dorthin.“ Dann zahlte er die Zeche und ging.

Als Mr Bumble einen Blick auf den Zettel warf, bemerkte er, dass jeder Name fehlte. Er lief daher dem Fremden nach, um ihn zu fragen, wie er heiße.

„Was wollen Sie?“, rief der Mann und drehte sich hastig um, als ihn Bumble am Arm berührte. „Sie gehen mir nach?“

„Nein, ich wollte nur wissen, nach wem ich dort fragen soll.“

„Nach Monks“, antwortete der Mann und ging rasch weiter.

29. Kapitel

Ein Bericht über das nächtliche Treffen von Mr und Mrs Bumble mit Mr Monks

Es war ein schwüler Sommerabend. Aus dunklen Wolken fielen bereits die ersten dicken Regentropfen. Ein heftiges Gewitter schien im Anzug zu sein, als Mr und Mrs Bumble aus einer der Hauptstraßen der Stadt in ein am sumpfigen Flussufer gelegenes Viertel mit verstreut liegenden, baufälligen kleinen Häusern einbogen.

Sie waren beide in schäbige Mäntel gehüllt, teils, um sich vor dem Wetter zu schützen, teils, um unerkannt zu bleiben. Mr Bumble ging ein paar Schritte voraus. So schritten sie schweigend dahin. Ab und zu sah sich Mr Bumble um, ob seine Gattin ihm auch folgte, dann beschleunigte er seine Schritte wieder.

Das Viertel war verrufen. Bekanntermaßen lebte hier ein lichtscheues Gesindel, das selbst vor Raub und Mord nicht zurückschreckte. Die baufälligen Baracken waren teils aus losen Ziegeln gebaut und teils aus morschen Schiffstrümmern errichtet. In der Nähe des Flusses stand ein großes Gebäude, das einst eine Fabrik gewesen war. Ratten, Fäulnis und Nässe hatten die Pfeiler, auf denen es ruhte, zermürbt. Ein Teil der Mauern war bereits ins Wasser versunken, und der über dem finsteren Strom schwankende, überhängende Rest schien nur auf eine günstige Gelegenheit zu warten, ebenfalls einzustürzen. Jetzt hatten Mr und Mrs Bumble dieses Gebäude erreicht und blieben stehen. In der Ferne grollte bereits der Donner.

„Hier ungefähr muss es sein“, sagte Mr Bumble und zog den Zettel zurate.

„Holla! Wer ist da?“, schrie eine Stimme von oben herunter.

Mr Bumble sah auf und erblickte den Kopf des Unbekannten aus der Kneipe in einem der Fenster.

„Warten Sie, ich komme gleich!“, rief dieser und verschwand.

„Ist das der Mann, Monks oder wie er heißt?“, fragte Mrs Bumble.

Mr Bumble nickte.

Da öffnete Monks auch schon eine kleine Tür neben ihnen und winkte.

Mutig trat Mrs Bumble ein. Ihr Gatte zögerte ein wenig. Er fühlte sich sehr unbehaglich, und von jener Würde, die sonst ein wichtiges Merkmal seines Wesens bildete, war nichts mehr zu spüren.

Monks ging den beiden voran und wollte eben eine steile Wendeltreppe hinaufsteigen, als ein heller Blitzstrahl, dem ein furchtbarer Donner folgte, das baufällige Haus bis in seine Grundmauern erschütterte.

„Verflucht!“, rief Monks und prallte zurück. „Wie das grollt. Man möchte sich fast verkriechen. Ich hasse dieses Geräusch.“ Ein paar Sekunden blieb er stehen, und die beiden sahen, dass sein Gesicht grässlich verzerrt und totenblass war. „Solche Anfälle überkommen mich manchmal bei Gewittern“, entschuldigte sich Monks. „Lassen Sie sich dadurch nicht beunruhigen, es ist schon wieder vorüber.“ Mit diesen Worten stieg er die Treppe empor, schloss eilig die Fensterläden in dem Raum, in den er sie führte, und holte eine Laterne herunter, die an einem Flaschenzug von dem mächtigen Deckenbalken herabhing und trübes Licht auf einen alten, wackligen Tisch und drei ebensolche Stühle warf.

„So", sagte Monks, als sie sich niedergesetzt hatten, „je früher wir unser Geschäft erledigen, umso besser für uns alle. Also, die Frau weiß, worum es sich handelt, nicht wahr?"

Die Frage war an Mr Bumble gerichtet, aber Mrs Bumble bejahte, bevor dieser etwas sagen konnte.

„Bumble hat doch wohl recht gehabt, als er sagte, Sie seien damals bei der alten Hexe gewesen, als sie ins Gras biss? Stimmt es, dass sie Ihnen etwas erzählt hat …"

„Von der Mutter des Knaben, den Sie genannt haben", unterbrach ihn die Armenhausmutter. „Jawohl."

„Die erste Frage ist: Was für eine Art von Mitteilung war das?", fuhr Monks fort.

„Nein, das ist die zweite Frage", bemerkte Mrs Bumble kühl. „Die erste lautet: Was ist Ihnen das Geheimnis wert?"

„Zum Teufel, wie kann ich das sagen, wenn ich nicht weiß, worum es sich handelt?", war Monks Gegenfrage.

„Sie werden es schon wissen", sagte Mrs Bumble listig.

„Hm", brummte Monks. „Es ist ihr etwas abgenommen worden", begann er. „Sie hat es am Leib getragen."

„Und das Ding hätten Sie gern, was? Nun, also bieten Sie!", unterbrach ihn Mrs Bumble. „Also, was ist Ihnen die Sache wert?"

„Vielleicht nichts, vielleicht zwanzig Pfund", erwiderte Monks. „Sagen Sie mir doch, was Sie haben wollen."

„Legen Sie noch fünf Pfund dazu: fünfundzwanzig Pfund in Gold. Und dann erzähle ich Ihnen alles, was ich weiß."

„Fünfundzwanzig Pfund!", rief Monks und fuhr zurück. „Und wenn ich die Summe für etwas bezahle, was keinen Wert für mich hat?"

„Sie können das Geld ja dann leicht wieder an sich nehmen", versetzte die Frau. „Ich bin doch bloß ein Weib und allein und ohne Schutz hier."

„Du bist nicht allein hier und noch weniger ohne Schutz, liebe Frau. Schließlich bin ich auch kein Schwächling", wagte Mr Bumble einzuwenden, allerdings mit einer Stimme, aus der die Furcht deutlich hervorklang.

„Du bist ein Esel", wies ihn Mrs Bumble zurecht. „Halt den Mund, das ist gescheiter."

„Es wäre gescheiter, er risse sich die Zunge aus, wenn er schon nicht leise reden kann", brummte Monks grimmig. „Also, Mr Bumble ist Ihr Mann, aha. Aber wie auch immer: Schauen Sie her."

Er holte aus seiner Tasche einen Leinenbeutel, zählte fünfundzwanzig Pfund in Goldmünzen auf den Tisch und schob sie der Armenhausmutter zu. „Da", sagte er, „stecken Sie das ein. Und dann erzählen Sie mir, was Sie zu erzählen haben."

Damit beugte Monks sich weit vor, um ja kein Wort zu verpassen. Die drei steckten die Köpfe dicht zusammen. Die trüben Strahlen der von der Decke herabhängenden Laterne fielen auf ihre Gesichter, sodass sie in der abendlichen Dämmerung wie Gespenster aussahen.

„Als die alte Sally im Sterben lag, war ich allein bei ihr", berichtete Mrs Bumble.

„Wirklich niemand sonst?", fragte Monks heiser. „Keine Kranke oder Irrsinnige in einem anderen Bett? Kein Mensch, der zuhören oder zusehen konnte?"

„Wir waren ganz allein", versicherte Mrs Bumble. „Nur ich stand an ihrem Bett, und sie sprach zu mir von einer jungen Frau, die einige Jahre vorher ein Kind geboren hatte, und zwar im selben Zimmer und im selben Bett."

„Tod und Teufel", fluchte Monks mit bebenden Lippen und blickte scheu über seine Schulter. „Unheimlich, wie sich das Blatt doch wenden kann."

„Es war dasselbe Kind, das du dem Herrn gestern Abend genannt hast", fuhr Mrs Bumble fort und nickte ihrem Mann gleichgültig zu. „Und die alte Sally hat die junge Mutter, kaum dass sie tot war, bestohlen." Mrs Bumble erschauderte. „Sie hat die Leiche bestohlen, und das, was sie ihr nahm, war eben das Ding, das die sterbende Mutter ihr für ihr Kind anvertraut hatte."

„Hat sie es verkauft?", unterbrach Monks gespannt. „Hat sie es verkauft? Wo? Wann? An wen?"

„Als mir die alte Sally dies gesagt hatte, fiel sie zurück und starb."

„Weiter hat sie nichts gesagt?", rief Monks mit einer Stimme, aus der die verhaltene Wut deutlich hervorklang. „Das ist eine Lüge. Ich lasse mich nicht hinters Licht führen. Sie hat mehr gesagt. Ich schlag euch beide tot, wenn ich nicht Näheres erfahre."

„Sie hat kein Sterbenswörtchen mehr gesagt", versicherte Mrs Bumble, die Monks' Ausbruch nicht im Mindesten erschreckt hatte – ganz im Gegensatz zu ihrem Mann, der totenblass geworden war. „Aber als der Tod nach ihr griff, fasste sie krampfhaft nach mir. Und als ich ihre Hand von der meinen losmachte, fand ich einen schmutzigen Papierstreifen darin."

„Was stand darauf?", fragte Monks atemlos.

„Es war ein Schein von einem Pfandverleiher."

„Worüber?"

„Das erfahren Sie noch früh genug. Jedenfalls starb sie mit dem Schein in der Hand, der einige Tage später verfallen wäre. Ich habe das Zeug dann in der Annahme, es später einmal mit Gewinn verkaufen zu können, ausgelöst."

„Wo haben Sie es?"

„Hier", erwiderte Mrs Bumble und warf einen Lederbeutel auf den Tisch, den Monks sofort mit zitternden Händen öffnete. Es war ein kleines goldenes Medaillon darin, in dem zwei Haarlocken lagen. Außerdem befand sich in dem Beutel ein einfacher goldener Trauring.

„Auf der Innenseite ist der Name Agnes eingraviert", erklärte Mrs Bumble. „Nachname und Datum fehlen noch. Offenbar ist es nicht mehr zur Trauung gekommen."

„Und das ist alles?", fragte Monks und untersuchte den kleinen Beutel genau.

„Ja", antwortete Mrs Bumble, und ihr Gatte atmete tief auf. Er war froh, dass alles vorüber war und Monks nicht seine fünfundzwanzig Pfund zurückforderte.

„Nun, haben Sie das bekommen, was Sie erwartet haben?", fragte Mrs Bumble.

„Jawohl."

„Was werden Sie damit anfangen? Kann es gegen mich verwendet werden?"

„Gegen Sie ebenso wenig wie gegen mich", erwiderte Monks. „Sehen Sie her – aber bleiben Sie, wo Sie sind, wenn Ihnen Ihr Leben lieb ist." Mit diesen Worten schob er den Tisch beiseite, packte einen in den Fußboden eingelassenen Ring und öffnete eine breite Falltür, die sich dicht vor Mr Bumbles Füßen auftat.

„Blicken Sie da hinunter“, sagte er und leuchtete mit der Laterne in die Tiefe. „Fürchten Sie sich nicht. Ich hätte Sie ja vorhin schon mühelos da hinunterstürzen können, denn Sie saßen gerade darüber.“

Diese Worte beruhigten die Armenhausmutter und sogar Mr Bumble so weit, dass sie sich an den Rand des Ab-

grundes begaben und neugierig hinunterspähten. Unter dem Haus war ehemals eine Turbine gewesen, über die mit Wasserkraft Maschinen angetrieben worden waren. Die Überreste dieser Turbine waren noch immer in dem reißenden Gewässer des Flusses verankert.

„Wenn man hier einen Menschen hinunterwerfen würde, wo fände man die Leiche morgen?“, fragte Monks und schwang die Laterne in dem dunklen Loch hin und her.

„Zwölf Meilen weiter stromabwärts, und zwar zerfetzt in kleine Stücke“, erwiderte Bumble, der bei dem bloßen Gedanken erschauderte.

Monks nahm den kleinen Beutel, band ein Bleigewicht daran und warf ihn ins Wasser hinab. Man hörte ihn aufklatschen. Dann verschloss Monks die Falltür.

„So“, sagte er, „auf diese Weise dürfte der ganze Plunder für immer verschwunden sein. Wir sind jetzt fertig und können einander Lebewohl sagen. Aber ich verlasse mich darauf, dass Sie für immer über das schweigen werden, was hier geschehen ist. Sonst wird es Ihnen schlecht ergehen.“

„Sie können sich auf uns verlassen“, antwortete Bumble unterwürfig und näherte sich unter vielen Verbeugungen der Wendeltreppe. „Seien Sie unbesorgt.“

„Gut. Und jetzt sehen Sie zu, dass Sie so rasch wie möglich hinauskommen.“

30. Kapitel

Wie Fagin und Monks ihre werten Köpfe zusammenstecken und Nancy einen Ausflug macht

Sikes fuhr aus tiefem Schlummer auf. Das Zimmer, in dem er sich befand, war ein schmutziges, karg möbliertes Loch, und alle Anzeichen deuteten darauf hin, dass er sich in materieller Not befand. Dies verriet auch sein bleiches, abgezehrtes Äußeres. In Ermangelung einer Decke hatte er sich in einen Mantel gehüllt. Sein Gesicht war totenblass und unrasiert. Der Hund saß neben dem Bett und blickte seinen Herrn ernst an. Manchmal, wenn ein Geräusch von der Straße heraufdrang, spitzte er auch die Ohren und stieß ein dumpfes Knurren aus.

Nancy, die ebenfalls sehr blass und ausgehungert aussah, saß am Fenster und flickte einige alte Kleidungsstücke.

„Wie spät ist es?", fragte Sikes.

„Noch nicht sieben", antwortete sie. „Wie fühlst du dich heute Abend, Bill?"

„Beschissen", brummte Sikes und stieß einen seiner gewohnten Flüche aus. „Komm her, hilf mir aufzustehen."

Sikes' Laune hatte offenbar durch seine Krankheit nicht gewonnen, denn während Nancy ihn stützte und zu einem Sessel führte, schlug er nach ihr und fluchte, weil sie sich seiner Ansicht nach so ungeschickt anstellte.

„Was flennst du da?", brummte er. „Lass das Gewinsel. Scher dich zum Teufel, verstanden?"

„Ja doch, Bill", antwortete das Mädchen und zwang sich zu einem Lächeln. „Sei nicht so hart zu mir."

„Warum nicht?“, schrie Sikes.

„So viele Nächte habe ich bei dir gesessen und dich gepflegt“, sagte sie, und ihre Stimme klang beinahe zärtlich. „Du würdest nicht so hart zu mir sein, wenn du daran gedacht hättest, Bill. Stimmt's?“

„Nun ja, meinetwegen“, knurrte Sikes. „Aber Himmel und Hölle, warum flennst du denn nun schon wieder?“

„Es ist nichts“, seufzte Nancy und warf sich in einen Stuhl. „Achte nicht darauf, es ist gleich vorüber.“

„Was ist vorüber?“, fragte Sikes grimmig. „Was hast du wieder für Dummheiten im Kopf? Steh auf und geh an deine Arbeit. Verschone mich mit solchem dummen Weiberzeugs.“

Doch Nancy war zu erschöpft, um zu gehorchen. Sie ließ den Kopf auf die Brust sinken und wurde ohnmächtig, noch ehe Sikes zu einem Fluch ansetzen konnte. Er wusste nicht recht, was er nun tun sollte, und rief laut um Hilfe.

„Was gibt's?“, fragte Fagin und blickte zur Türe herein.

„Vielleicht kannst du ihr helfen“, rief ihm Sikes ungeduldig zu. „Steh nicht so dumm herum und halte Volksreden.“

Mit einem Ausruf der Verwunderung eilte Fagin dem Mädchen zu Hilfe, während Jack Dawkins und Charley Bates, die dem Alten ins Zimmer gefolgt waren, mit einem Bündel herbeieilten. Das Schlitzohr entriss seinem Freund Charley eine Flasche und goss der Ohnmächtigen ein paar Tropfen daraus in den Mund – wobei er zuvor selbst einige Schlucke nahm, um jeden Irrtum auszuschließen.

„Verschaff ihr mit dem Blasebalg frische Luft, Charley“, ordnete Jack an. „Und du, Fagin, kitzelst ihre Handflächen. Sikes, du öffnest ihre Kleider.“

Die gemeinschaftlichen Wiederbelebungsversuche wurden nun mit großer Tatkraft ausgeführt, wobei Charley die ihm zugewiesene Aufgabe besonders amüsant fand.

Die Anstrengungen der Männer zeigten schon bald die gewünschte Wirkung: Nancy kam wieder zu sich, wankte zu einem Stuhl am Bett und verbarg ihr Gesicht in den Kissen.

„Welcher Teufelswind hat euch denn hergeblasen?", fragte Sikes währenddessen, denn er hatte nicht mit dem Auftauchen Fagins und seines Gefolges gerechnet.

„Gar kein Teufelswind", antwortete der Alte. „Im Gegenteil: Wir haben dir etwas Gutes mitgebracht. Schlitzohr, schnür einmal dein Bündel auf und zeig Bill, wofür wir all unser Geld ausgegeben haben."

Jack gehorchte und legte, unterstützt von Charley Bates, den Inhalt des Bündels auf den Tisch. „Da schau her, Bill", sagte er. „Eine Pastete. Und hier: feiner Tee – und Zucker – und Brot – und frische Butter – und feiner Käse – na also, was sagst du dazu?" Damit stellte er eine versiegelte Weinflasche auf den Tisch.

„Das wird dir gut bekommen, Bill", sagte Fagin und rieb sich vergnügt die Hände.

„Ja, ja, ich weiß schon", knurrte Sikes. „Zwanzigmal hätt' ich krepieren können, und du hättest nicht einen Finger für mich gerührt. Also, was soll das alles, du Schurke? Und warum hast du mich drei Wochen lang im Stich gelassen?"

„Hört euch das mal an!", rief Fagin achselzuckend. „Und wir kommen hierher und bringen ihm die feinsten Sachen!"

„Die Sachen sind an und für sich schon gut", bemerkte Sikes ein wenig besänftigt. „Aber ich frag dich, was es zu bedeuten hat, dass du mich hier krank und ohne Geld hast liegen lassen."

„Ich bin doch gar nicht in London gewesen, mein Lieber."

„Ja, ja", fiel Sikes bitter ein. „Du gehst deinen Geschäften nach, während ich hier im Fieber liege. Solange ich frisch und gesund war, habe ich alles Mögliche für dich tun müssen. Aber jetzt musst du mir helfen. Ich brauche Geld!"

Zunächst sträubte sich Fagin. Aber dann kamen sie nach langem Feilschen überein, dass Nancy mit Fagin und den beiden Jungen zu deren Behausung gehen und dort drei Pfund und vier Schillinge für Sikes bekommen sollte.

Als der Alte und die beiden Jungen gemeinsam mit Nancy in Fagins Unterkunft eintrafen, saßen Toby Crackit und Tom Chitling da und spielten Karten.

„Niemand hier gewesen, Toby?", fragte Fagin.

„Nicht eine Seele", antwortete Toby.

„Gut. Dann mach dich jetzt mit dem Schlitzohr und Charley auf die Socken. Es ist bald zehn! Und noch nicht einer von euch hat einen Penny verdient."

Als die Jungen fort waren, wandte sich Fagin an Nancy.

„So, jetzt will ich dir das Geld holen", sagte er.

Doch noch bevor er zu seinem Geldversteck gehen konnte, waren von der Haustür her Schritte zu hören.

„Ach, das ist der Kerl, den ich erwarte. Red in seiner Gegenwart nicht von dem Geld, mein Kind. Es wird auch nicht lang dauern, höchstens zehn Minuten." Seinen knochigen Zeigefinger an die Lippen legend, ging Fagin mit einem Licht zur Tür und öffnete sie im selben Augenblick, als der Fremde eintreten wollte. Es war Monks.

„Das ist nur eine von meinen jungen Gehilfinnen", sagte Fagin, als Monks beim Anblick Nancys innehielt. „Bleib ruhig sitzen, Nancy."

„Nun, was gibt's Neues?", wandte er sich dann an Monks.

„Einiges. Aber das möchte ich lieber unter vier Augen mit dir besprechen."

Die beiden stiegen die Treppe hinauf ins obere Stockwerk und zogen sich in einen der dortigen Räume zurück.

Nancy horchte gespannt. Als alles still blieb, zog sie rasch die Schuhe aus und schlich geräuschlos die Treppe hinauf. Ungefähr eine Viertelstunde mochte verflossen sein, da kehrte sie leise zurück, und gleich darauf kamen auch die beiden Männer wieder herunter. Monks verabschiedete sich, und als Fagin bald darauf mit dem Geld eintrat, setzte sich das Mädchen gerade den Hut auf, als ob es aufbrechen wollte.

„Was ist, Nancy, du bist so blass!", rief Fagin erschrocken. „Was ist denn los?"

„Nichts, gar nichts", antwortete Nancy gleichgültig. „Gib schon endlich das Geld her und lass mich fort."

Seufzend zählte Fagin ihr die Geldstücke in die Hand und sagte gute Nacht.

Nancy war nur wenige Schritte gegangen, da blieb sie auf offener Straße stehen und setzte sich dann auf die Stufen vor einer Haustür. Sie schien ganz betäubt.

Es dauerte eine Weile, bis sie die Kraft fand, aufzustehen und den Heimweg anzutreten. Zum Glück war Sikes so erfreut darüber, dass Fagin gezahlt hatte, dass ihm Nancys Aufregung nicht auffiel.

Je näher der Abend kam, desto größer wurde Nancys Unruhe. Sikes trank ein Glas Schnaps nach dem anderen und schien dennoch nicht müde zu werden. Mürrisch befahl er Nancy, ihm seine Medizin zu bringen.

Nancy gehorchte.

Bald kämpfte Sikes mit dem Schlaf, dann fuhr er wieder auf und starrte umher, immer Nancys Hand festhaltend. Endlich löste sich sein Griff und er sank zurück.

„Das Schlafmittel hat gewirkt", sagte Nancy zu sich selbst und stand auf. „Aber vielleicht komm ich ja doch zu spät."

Eilig setzte sie ihren Hut auf und warf den Schal über. Dann beugte sie sich sanft über das Bett, drückte Sikes einen Kuss auf die Lippen und verließ geräuschlos die Wohnung.

Draußen schlug sie eilig den Weg in Richtung Westend ein. Immer wieder stieß sie in ihrer Hast entgegenkommende Passanten an und mehrmals überquerte sie dicht vor den Köpfen der Pferde die überfüllten Straßen. Rücksichtslos bahnte sie sich ihren Weg durch das Gewühl.

Als sie in den vornehmeren Teil der Stadt kam, nahm das Gedränge ab, und sie kam schneller voran. Endlich erreichte sie ihr Ziel: ein schönes, vornehmes Haus in einer Straße nicht weit vom Hydepark entfernt. Es schlug gerade elf. Sie trat in die Halle. Der Portiersitz war leer. Unsicher blickte sie sich um und ging dann in Richtung Treppe.

„Zu wem wollen Sie denn?“, rief ein adrett gekleidetes Stubenmädchen, das zu Nancys Pech gerade aus einer der Wohnungen kam, hinter ihr her.

„Ich suche eine Dame hier im Haus“, erwiderte Nancy.

„Soso, eine Dame“, war die höhnische Antwort. „Was für eine Dame denn?“

„Miss Maylie.“

Das Dienstmädchen hatte nur einen Blick tugendhafter Geringschätzung für sie übrig und rief einen Diener zu Hilfe. Nancy wiederholte ihre Bitte.

„Wen soll ich melden?“, fragte der Bediente.

„Mein Name tut nichts zur Sache“, erwiderte Nancy.

„Und worum handelt es sich?“

„Auch das ist gleichgültig. Ich muss die Dame sprechen.“

„Schauen Sie, dass Sie hinauskommen“, sagte der Portier und deutete auf die Tür. „So was gibt's hier nicht. Hinaus!“

„Nicht mit Gewalt bringt ihr mich hier weg!“, protestierte Nancy.

Inzwischen hatte sich eine ganze Gruppe von Dienstboten um sie versammelt. „Ist denn niemand hier, der für ein armes Mädchen eine Bestellung ausrichtet?“, rief Nancy.

Ein gutmütig aussehender Koch hatte Mitleid mit ihr und sagte zu dem Diener: „So richt's doch aus, Joe! Das tut dir doch nicht weh!“

„Du glaubst doch nicht im Ernst, dass Miss Maylie mit einer solchen Person reden will?“

Seine Anspielung auf Nancys zweifelhaftes Aussehen rief sofort einen Schwall tugendsamer Entrüstung bei den vier Dienstmädchen, die sich inzwischen angesammelt hatten, hervor. Sie erklärten einmütig, die Person sei eine Schande ihres Geschlechts und müsse sofort hinausgeworfen werden.

Abermals schaltete sich der gutmütige Koch ein, und auf sein Zureden gab der Diener schließlich nach. „Was soll ich ausrichten?“, fragte er, mit einem Fuß bereits auf der Treppe.

„Dass eine junge Frau unten warte und dringend bitte, mit Miss Maylie allein sprechen zu dürfen“, antwortete Nancy.

Der Bediente ging hinauf, Nancy aber blieb bleich und außer Atem stehen und hörte mit zuckenden Lippen die Spottreden der vier Dienstmädchen an.

Endlich kam der Diener zurück und führte die am ganzen Leib zitternde Nancy die Treppe hinauf in ein kleines Vorzimmer. Dort blieb sie allein und wartete.

31. Kapitel

Eine seltsame Unterredung, die eine Folge des vorigen Kapitels ist

Ihr ganzes Leben hatte Nancy auf den Gassen und in den abscheulichsten Höhlen Londons zugebracht. Als sie jetzt einen leichten, sich nähernden Schritt hörte, fuhr ihr durch den Kopf, wie groß die Kluft zwischen ihr und jener Dame war. Dennoch verlor sie ihren Stolz nicht und sah der jungen Dame, die wenig später vor ihr stand, offen in die Augen.

„Es war recht schwierig, zu Ihnen vorzudringen, Miss", sagte sie. „Die meisten anderen wären wohl empfindlich gewesen und fortgegangen. Aber wenn ich das getan hätte, dann wäre das zu Ihrem Schaden gewesen."

„Es tut mir sehr leid, wenn sich die Dienerschaft unhöflich gegen Sie benommen haben sollte", entschuldigte sich Miss Rose. „Denken Sie nicht mehr daran. Was führt Sie denn zu mir?"

Der freundliche Ton, das ungezwungene Wesen und die klare Stimme, aus der so gar keine Spur von Hochmut herauszuhören war, überraschten Nancy derart, dass sie in Tränen ausbrach. „Oh, Gnädigste!", rief sie und schlug die Hände ungestüm vors Gesicht. „Gäbe es mehr Menschen wie Sie, so würde es mir und vielen anderen nicht so schlecht ergehen."

„Setzen Sie sich doch", sagte Miss Rose ernst. „Ich werde alles tun, um Ihnen zu helfen. Erzählen Sie in Ruhe."

„Nein", schluchzte Nancy. „Dazu ist jetzt keine Zeit. Ist die Tür dort verschlossen?"

„Ja", sagte Rose. „Warum fragen Sie?"

„Weil ich mit dem, was ich Ihnen jetzt sage, mein Leben und das anderer Leute in Ihre Hand lege. Ich bin diejenige, die den kleinen Oliver zu dem Verbrecher Fagin zurückgeschleppt hat an jenem Abend, als er das Haus in Pentonville verließ …"

„Sie?"

„Ja, ich war es, Gnädigste. Ich bin das elende Geschöpf, von dem Ihnen Oliver erzählt haben wird, dass es unter Gaunern sein Leben verbringt. Seit ich denken kann, habe ich in einer solchen Umgebung gelebt."

„Was sind das für schreckliche Dinge!", rief Rose und wich unwillkürlich ein Stück zurück.

„Danken Sie Gott auf den Knien, Gnädigste, dass Sie Freunde besessen haben, die Sie in Ihrer Kindheit pflegten und behüteten, dass Sie niemals Frost, Hunger, Durst, Verbrechen, Trunkenheit und Schlimmeres kennengelernt haben. Meine Wiege ist die Gosse gewesen – und sie wird auch mein Totenbett sein."

„Sie tun mir entsetzlich leid", sagte Rose schluchzend. „Es zerreißt mir das Herz, Sie so reden zu hören."

„Gott segne Sie für Ihre Güte", erwiderte Nancy leise. „Aber nun will ich Ihnen endlich sagen, weshalb ich hier bin. Ich habe mich von diesen Leuten weggestohlen, weil sie mich ermorden würden, wenn sie wüssten, dass ich hier bin. Kennen Sie einen Mann namens Monks?"

„Nein."

„Er kennt aber Sie", fuhr Nancy fort, „und weiß offenbar, dass Sie hier wohnen, wenn Sie für ein paar Tage nach London kommen. Nur weil ich gelauscht habe und hörte, wie er Ihre Adresse nannte, kann ich Sie jetzt aufsuchen."

„Ich habe den Namen nie gehört“, sagte Rose.

„Wahrscheinlich nennt er sich manchmal anders. Vor einiger Zeit, kurz nachdem Oliver gezwungen wurde, in Ihr Haus in Chertsey einzubrechen, habe ich aus Argwohn gegen diesen Monks heimlich einer Unterredung zugehört, die zwischen ihm und Fagin stattfand. So erfuhr ich, dass Monks Oliver zufällig mit zwei von unseren Jungen an dem Tag gesehen hatte, als er uns verloren ging. Offenbar hat er in ihm sofort jenes Kind erkannt, auf dessen Fährte er war. Monks versprach Fagin viel Geld, wenn es ihm gelänge, Oliver wiederzufinden und aus ihm einen Dieb zu machen. Mehr konnte ich leider nicht erfahren, denn er hatte meinen Schatten an der Wand gesehen. Ich konnte mich gerade noch rechtzeitig davonstehlen. Gestern Abend jedoch habe ich ihn wiedergesehen.“

„Und was ist geschehen?“

„Er ist mit Fagin in ein Zimmer im oberen Stockwerk gegangen. Ich bin ihnen nachgeschlichen und habe an der Tür gelauscht. Die ersten Worte, die Monks sagte, waren: ‚Die einzigen Beweise für die Herkunft des Jungen liegen jetzt auf dem Grund des Flusses, und die alte Vettel, die den Kram seiner Mutter gestohlen hat, modert in ihrem Sarg.‘ Daraufhin lachten beide. Und dann hat Monks noch gesagt, er könne es kaum erwarten, das Geld des Jungen sicher zu haben. Er meinte sogar, dass es ihm noch lieber gewesen wäre, wenn er es auf eine andere Weise bekommen hätte. Es wäre doch ein Spaß gewesen, das niederträchtige Testament des Vaters dadurch nichtig zu machen, Oliver von einem Kerker in den anderen wandern zu lassen und ihn schließlich vielleicht sogar an den Galgen zu bringen.“

„Was sind das für unerhörte Dinge?", rief Rose.

„Was ich Ihnen erzähle, Fräulein, ist die volle Wahrheit", beteuerte Nancy. „Unter allerhand Flüchen und Schwüren sagte er, dass er beständig auf der Lauer liegen wolle, um Oliver zu schaden. Dann meinte er noch: ‚Selbst ein Gauner wie Sie, Fagin, könnte sich nicht solche Fallen ausdenken, wie ich sie meinem jüngeren Bruder Oliver legen werde.'"

„Seinem Bruder!", rief Rose und schlug entsetzt die Hände zusammen.

„Das waren seine Worte, Miss. Und als er von Ihnen und der anderen Dame sprach, meinte er, bei Ihrer Begegnung mit Oliver müsse es geradezu mit dem Teufel zugegangen sein. Dann aber lachte er und sagte: ‚Ein gewisser Trost liegt natürlich in dem Gedanken, wie viel Geld die beiden Damen dafür geben würden zu erfahren, wer ihr zweibeiniges Schoßhündchen in Wahrheit ist.'"

„Ich kann kaum glauben, was Sie da erzählen", sagte Rose und wurde totenblass.

„Es ist aber die Wahrheit", sagte Nancy und sah sich ängstlich um, wie sie es während ihrer Erzählung fast ununterbrochen getan hatte. „Aber jetzt wird es spät. Ich muss nach Hause. Sonst schöpfen sie Verdacht."

„Aber wollen Sie denn wirklich wieder zurück, zu diesen Menschen?"

„Ja, denn – auch wenn es Ihnen unglaublich erscheinen mag – bei allem, was er mir und anderen angetan hat, den einen von Ihnen, Bill Sikes, den liebe ich. Und darum kann ich Ihnen auch nicht verraten, wo er und Fagin zu finden sind."

„Ja, aber wo kann ich Sie wiederfinden, wenn es notwendig werden sollte, mit Ihnen zu sprechen? Ich will Ihr

Vertrauen in mich doch gar nicht enttäuschen. Sie müssen mir ja nicht sagen, wo diese schrecklichen Verbrecher leben. Ich will nur wissen, wo ich Sie künftig treffen kann."

„Wenn Sie mir versprechen, mein Geheimnis zu behüten und nur Menschen ins Vertrauen zu ziehen, die es ebenfalls wahren, dann …"

„Ich verspreche es", erwiderte Rose.

„Also: Ich werde jeden Sonntag zwischen elf und zwölf Uhr nachts auf der London Bridge auf und ab gehen." Damit verabschiedete Nancy sich und ließ sich auch von Roses inständigen Bitten nicht davon abhalten, zu ihren Leuten zurückzukehren.

32. Kapitel

Neuerliche Enthüllungen, die zeigen, dass Überraschungen, genau wie Unglücksfälle, selten allein kommen

Rose Maylie befand sich in einer schwierigen Lage: Einerseits brannte sie darauf, Olivers Geheimnis zu lüften, andererseits hatte sie Nancy versprochen, es zu wahren. Ihre Tante und sie hatten sich nur drei Tage in London aufhalten und dann gemeinsam mit Oliver weiter an die Küste reisen wollen. Es war jetzt Mitternacht des ersten Tages. In achtundvierzig Stunden musste sie London verlassen. Denn wie hätte sie ihrer Tante erklären sollen, dass sie länger als ursprünglich geplant in der Hauptstadt bleiben wollte? Mrs Maylie wäre sicher argwöhnisch geworden, und Nancys Geheimnis wäre ans Licht gekommen. Andererseits: Was ließ sich in so kurzer Zeit mit Aussicht auf Erfolg beginnen?

Es war kein Wunder, dass Rose in dieser Nacht keinen Schlaf fand. Endlich beschloss sie, Harry Maylie um Rat zu fragen – auch wenn ihr das schwerfiel. Früh am nächsten Morgen setzte sie sich an ihren Tisch, um an Harry zu schreiben.

Gerade erst hatte sie die Feder zur Hand genommen, da kam Oliver atemlos zu ihr ins Zimmer gestürzt.

„Warum bist du so aufgeregt?“, fragte sie und sprang auf.

„Ich habe den Herrn gesehen“, erwiderte Oliver, kaum imstande, deutlich zu reden, „den Herrn, der so gütig zu mir war: Mr Brownlow, von dem ich Ihnen so oft erzählt habe.“

„Wo?“

„Er ist aus einem Wagen gestiegen“, erklärte Oliver, und die Freudentränen drängten sich ihm in die Augen, „und in ein Haus hineingegangen. Ich habe nicht mit ihm gesprochen. Er hat mich nicht gesehen, und ich habe so gezittert, dass ich gar nicht bis zu ihm gekommen wäre. Aber ich habe die Adresse. Hier, sehen Sie. Ich muss auf der Stelle hin!“

Sich zur Ruhe zwingend, las Rose die Adresse, und sofort schoss ihr der Gedanke durch den Kopf, diesen Zufall zu nutzen. Vielleicht war dieser Mr Brownlow derjenige, der ihr raten und helfen konnte.

„Los!“, rief sie. „Bestelle unten, dass wir einen Wagen brauchen. Ich sage nur schnell meiner Tante, dass wir für ein Stündchen ausfahren.“

Wenig später waren sie bereits in der besagten Straße. Rose ließ Oliver in der Kutsche zurück, nannte dem Diener ihren Namen und ließ Mr Brownlow bitten, ihr in einer dringenden Angelegenheit sogleich für ein paar Minuten Gehör zu schenken.

Der Diener kam mit der Meldung zurück, Mr Brownlow erwarte sie.

Rose folgte ihm in den ersten Stock und wurde dort von einem älteren Herrn wohlwollend empfangen. Es saß aber auch ein anderer älterer Herr da, der weit weniger wohlwollend aussah.

„Mr Brownlow, wie ich annehme?“, fragte Rose und sah von dem einen Herrn zum anderen.

„Ja, so heiße ich“, sagte der erste Herr. „Und dies dort ist mein Freund, Mr Grimwig. Was kann ich denn für Sie tun, Miss Maylie?“

„Mein Anliegen wird Sie, wenn ich nicht irre, ein wenig verwundern", begann Rose errötend. „Aber Sie haben sich vor längerer Zeit gegenüber einem guten Freund von mir überaus freundlich gezeigt, und es interessiert Sie deshalb vielleicht, wieder von ihm zu hören."

„Allerdings! Reden Sie bitte weiter, Miss!", rief Mr Brownlow.

„Sie kennen ihn unter dem Namen Oliver Twist und haben sich ihm gegenüber sehr gütig gezeigt", fuhr Rose fort.

Kaum aber waren diese Worte über ihre Lippen gekommen, als Mr Grimwig, der so getan hatte, als sei er in ein großes Buch vertieft, dieses mit lautem Krach zusammenschlug und in seinen Sessel zurücksank. Außer maßloser Verblüffung war nichts in seinem Gesicht zu lesen.

Mr Brownlow war nicht weniger erstaunt. Er rückte seinen Stuhl näher zu Rose und sagte: „Bitte reden Sie nicht von Güte, gnädiges Fräulein. Wenn es in Ihrer Macht steht, die ungünstige Meinung, die ich mir von dem armen Jungen bilden musste, zu korrigieren, so bitte ich Sie, mich um Gottes willen nicht länger warten zu lassen."

„Ein schlechter Kerl! Wahrhaftig, ich will auf der Stelle meinen Kopf aufessen, wenn dieser Oliver kein schlechter Kerl ist", brummte Mr Grimwig.

„Oliver ist ein warmherziges Kind von bestem Charakter", sagte Rose entschieden, und das Blut stieg ihr ins Gesicht.

„Bitte achten Sie nicht auf meinen Freund, gnädiges Fräulein", mischte sich Mr Brownlow ein. „Er meint es nicht so."

„Oh doch, er meint es genau so, wie er es sagt", widersprach Mr Grimwig.

Mr Brownlow ging nicht weiter darauf ein, sondern wandte sich wieder an Rose. „Bitte, Miss Maylie, sagen Sie mir, was Sie über den armen Jungen wissen. Ich habe alles versucht, um ihn ausfindig zu machen."

Rose erzählte nun so knapp wie möglich alles, was Oliver zugestoßen war, seit er Mr Brownlows Haus verlassen hatte. Sie schloss mit der Versicherung, Olivers einziger Kummer sei es seit Monaten gewesen, dass er unbeabsichtigt seinen einstigen Wohltäter und väterlichen Freund enttäuscht habe.

„Gott sei Dank!", rief der alte Herr. „Ich kann Ihnen gar nicht sagen, wie glücklich mich diese Nachricht macht! Aber, Miss Maylie, Sie haben mir noch nicht gesagt, wo sich der kleine Oliver jetzt befindet."

„Er wartet unten in meinem Wagen", antwortete Rose.

„Unten vor dem Haus?", rief der alte Herr verwundert. Bei diesen Worten lief er bereits aus dem Zimmer hinaus, die Treppe hinunter, riss die Haustüre auf und jagte der Kutsche entgegen.

Mr Grimwig stand auf und hinkte eine Weile in der Stube auf und ab. Plötzlich blieb er vor Rose stehen und drückte ihr ohne Weiteres einen Kuss auf die Stirn. „Pssst", sagt er besänftigend, als die junge Dame erschrocken aufspringen wollte. „Fürchten Sie sich nicht. Ich bin alt genug, Ihr Großvater zu sein. Still, da kommen die beiden."

Mr Grimwig war gerade auf seinen Stuhl zurückgekehrt, da traten bereits Mr Brownlow und Oliver ins Zimmer. Mr Grimwig begrüßte Oliver äußerst gnädig. Oliver und Mr Brownlow aber strahlten so, dass Rose sich schon durch diesen einzigen Augenblick unendlich belohnt fühlte für all das, was sie für Oliver getan hatte.

„Wir dürfen übrigens noch jemanden nicht vergessen", sagte Mr Brownlow und klingelte nach Mrs Bedwin.

Die alte Haushälterin kam herauf und blieb an der Tür stehen, um auf die Anweisungen Mr Brownlows zu warten.

„Nun, Bedwin, mit Ihren Augen wird es wirklich von Tag zu Tag schlechter", begann Mr Brownlow und tat dabei, als sei er verärgert.

„Das stimmt freilich, Sir", erwiderte die alte Dame. „Bei Leuten in meinem Alter werden die Augen eben nicht besser, Sir."

„Das weiß ich", sagte Mr Brownlow. „Aber jetzt setzen Sie gefälligst mal Ihre Brille auf und sehen Sie selbst, weshalb ich nach Ihnen geklingelt habe, Mrs Bedwin."

Die alte Dame kramte umständlich in ihrer Tasche nach der Brille. Doch Oliver war zu ungeduldig, das abzuwarten. Er sprang auf und flog ihr in die Arme.

„Ach du lieber Himmel!", rief Mrs Bedwin und umarmte und küsste Oliver. „Das ist ja mein lieber, armer Junge."

„Meine liebe, liebe alte Pflegerin", schluchzte Oliver.

„Ich wusste doch, dass du wiederkommst", sagte die alte Dame und hielt ihn fest in ihren Armen. „Wo hast du denn nur die ganze Zeit gesteckt?"

Und so schwatzte die alte brave Dame und hielt Oliver bald ein Stück vor sich hin, um ihn anzusehen, bald zog sie ihn wieder an sich und strich ihm mit den Fingern durchs Haar und lachte und weinte gleichzeitig.

Mr Brownlow ließ sie und Mr Grimwig mit Oliver allein, damit sie sich nach Herzenslust ausplaudern konnten, und begab sich mit Rose in ein anderes Zimmer. Hier erzählte die junge Dame alles, was sie von Nancy erfahren und bisher verschwiegen hatte. Mr Brownlow war erstaunt, ja sogar erschrocken. Er lobte Rose, dass sie noch niemand anderen ins Vertrauen gezogen hatte. Sie kamen überein, dass er mit Dr. Losberne und Mrs Maylie über die Angelegenheit sprechen sollte.

Diese Unterredung fand schon am selbigen Abend statt. Gemeinsam beschlossen Mr Brownlow und der Doktor, Olivers Eltern ausfindig zu machen und das Erbe wiederzuerlangen, um das er anscheinend durch seinen älteren Bruder betrogen worden war.

Dr. Losberne hätte am liebsten sofort alle Hebel in Bewegung gesetzt. Nur mit Mühe hielt Mr Brownlow ihn davon ab, die Polizei zu benachrichtigen.

„Zum einen", erklärte Mr Brownlow, „dürfen wir das arme Mädchen, diese Nancy, nicht vergessen, die wir vielleicht in größte Gefahr bringen würden. Aber selbst wenn es uns gelänge, die Verbrecher der Polizei zu übergeben, ohne die Sicherheit des Mädchens zu gefährden – was würden wir erreichen?"

„Wir würden ein paar von der Bande an den Galgen bringen und die übrigen in die Strafkolonie!", rief der Doktor.

„Das mag sein", lächelte Mr Brownlow. „Aber die werden ihrer gerechten Strafe auch so nicht entgehen. Wir aber müssen vor allem darauf achten, dass wir Olivers Interessen nicht gefährden."

„Wie meinen Sie das?"

„Es ist doch klar, dass wir das Geheimnis nur dann vollständig ergründen können, wenn wir diesen Monks dingfest machen. Das aber kann uns bloß durch List gelingen. Wenn wir ihn ohne Weiteres festnehmen lassen, haben wir keinen handfesten Beweis gegen ihn. Soweit wir wissen, hat er mit den Räubereien und Einbrüchen der Bande nichts zu tun. Wenn er auch nicht ganz freigesprochen würde, so bekäme er höchstens ein paar Wochen Arrest. Zu einer Aussage über die Dinge, die Oliver betreffen, würden wir ihn so nie kriegen."

„Gut", gab der Doktor zu, „aber wie gehen wir dann weiter vor?"

„Wir haben jetzt Dienstag. Diese Nancy können wir erst nächsten Sonntag wieder treffen. Wir sind aber darauf angewiesen, dass sie uns diesen Monks zeigt. Darum verhalten wir uns bis zum Sonntag ganz ruhig und sprechen selbst vor Oliver kein Wort über diese Dinge."

Widerstrebend gab der Doktor, der gerne sofort gehandelt hätte, nach. Gemeinsam beschlossen die beiden Herren und Rose dann, auch Mr Grimwig, der ein hervorragender Jurist war, und Harry Maylie einzuweihen.

„Gut, dann ist zunächst alles geklärt", sagte Mr Brownlow. „Aber jetzt kommen Sie! Es ist längst Zeit zum Abendessen. Am Ende glaubt unser junger Freund noch, dass wir eine finstere Verschwörung gegen ihn planen."

33. Kapitel

Die Zeit kommt, da Nancy ihr Versprechen an Rose Maylie einlösen soll

Für gewöhnlich war Nancy eine Meisterin in der Kunst der Verstellung. Doch dieses Mal, nach ihrem gewagten Schritt, fiel es ihr schwer, ihre Gefühle im Verborgenen zu halten. Schon oft hatten Fagin und Sikes sie in ihre Pläne eingeweiht. Und so groß Nancys geheime Abneigung gegen Fagin auch war, so hatte sie sein Vertrauen doch niemals enttäuscht – und das von Sikes, den sie ja trotz allem liebte, erst recht nicht. Jetzt beschlich sie immer wieder die Furcht, ihre Enthüllungen könnten dazu führen, dass die beiden doch noch vor Gericht landeten. Deshalb kämpfte Nancy eine Weile mit sich, ob sie ihr Versprechen gegenüber Rose Maylie halten sollte, beschloss dann aber doch, zu ihrem Wort zu stehen.

Diese inneren Kämpfe hinterließen ihre Spuren. Nancy wurde blass und magerte ab. Sie war häufig unaufmerksam und nahm kaum Anteil mehr an Gesprächen, bei denen sie früher oft die Lebhafteste gewesen war. Dann wieder versuchte sie, heiter zu erscheinen, und lachte gezwungen und ohne erkennbaren Grund.

Am Sonntagabend saßen Sikes und Fagin zusammen.

„Eine Stunde vor Mitternacht", brummte Sikes, als eine nahe Turmuhr schlug. Er warf einen Blick durch den Fensterladen. „Finster und stürmisch. Eine gute Nacht für ein Geschäft wie das unsere."

„Nur haben wir leider gerade nichts in Aussicht", erwiderte Fagin. Dann zupfte er Sikes am Ärmel und deutete heimlich auf Nancy, die den Hut aufgesetzt hatte und das Zimmer verlassen wollte.

„Hallo!“, schrie Sikes. „Wohin denn jetzt noch?“

„Nicht weit.“

„Was ist das für eine Antwort?“, fuhr Sikes auf. „Wo du hingehst, will ich wissen.“

„Ich sage doch: nicht weit.“

„Und ich will wissen, wohin!“, schrie Sikes. „Hast du verstanden!“

„Ich weiß selber nicht, wohin“, brummte Nancy.

„Aber ich weiß es!“, rief Sikes, mehr um zu widersprechen, als dass er wirklich irgendeinen Verdacht gehabt hätte. „Nirgendwohin. Setz dich.“

„Ich will nicht“, erwiderte das Mädchen. „Ich muss ein bisschen frische Luft schnappen.“

„Nein, das wirst du nicht“, antwortete Sikes. Er stand auf, schloss die Tür ab und steckte den Schlüssel in die Tasche.

Nancy wurde totenblass. „Was soll das heißen, Bill? Lass mich hinaus, verstanden! Sofort!“

„Nein.“

„Sag ihm, er soll mich fortlassen!“, rief Nancy an Fagin gewandt und stampfte wütend mit dem Fuß auf.

Doch Fagin rührte sich nicht und Sikes sagte nur: „Wenn du so weiterschreist, lasse ich dir den Hund an die Kehle springen. Du bist wohl verrückt geworden, du dumme Gans.“

„Lass mich gehen“, beharrte das Mädchen auf ihrem Willen. Dann setzte sie sich vor der Tür auf den Boden und sagte: „Ich bitte dich, lass mich gehen. Du weißt nicht, was du tust, du weißt es wirklich nicht. Bloß eine Stunde will ich hinaus.“

„Da soll mich doch der Teufel in Stücke reißen!“, schrie Sikes und packte sie grob am Arm. „Das Weibsbild ist ganz und gar verrückt geworden. Marsch, aufgestanden!“

„Nicht eher, als bis du mich gehen lässt!“

Da drehte Sikes ihr mit einem Ruck die Arme auf den Rücken und schleppte sie ins Nebenzimmer. Nancy sträubte sich mit aller Kraft. Sikes warf seine Gefangene unsanft in einen Sessel, setzte sich daneben und hielt sie mit Gewalt fest.

Nancy wehrte sich ununterbrochen. Zwischendurch versuchte sie auch noch, Sikes durch Bitten zu erweichen. Vergeblich. Erst als es zwölf Uhr geschlagen hatte, gab sie erschöpft auf. Sikes stieß noch ein paar Flüche und Drohungen aus und kehrte zu Fagin zurück.

„Ganz und gar verrückt ist das Weibsbild“, brummte Sikes und wischte sich den Schweiß aus dem Gesicht. „Was ihr wohl heute in den Kopf gefahren ist, gerade jetzt gegen Mitternacht auszugehen? Was meinst du, Fagin?“, fragte er. „Du kennst sie besser als ich.“

„Eigensinn, Bill, Eigensinn, sonst nichts. Obwohl: Dass sie sich wegen einer Kleinigkeit so aufregt, habe ich noch nie erlebt.“

„Ich auch nicht“, brummte Sikes. „Und das sage ich dir: Wenn das noch einmal vorkommt, werde ich sie zur Ader lassen, ohne dafür einen Arzt kommen zu lassen.“

Fagin nickte nur. Dann verabschiedete er sich und ging langsam und in tiefes Grübeln versunken nach Hause. Schon länger hatte er den Verdacht, dass Nancy von Sikes’ Brutalität genug hatte. Wahrscheinlich hatte sie einen neuen Freund. Das würde ihr verändertes Wesen erklären – und auch ihre verzweifelten Versuche, mitten in der Nacht das Haus zu verlassen. Aber wer mochte dieser Freund sein? Jedenfalls keiner seiner Komplizen. Ob sie sich von Sikes ganz und gar lossagen würde? Fagin, der schon zu oft von Sikes beleidigt worden war, wäre ihn nur zu gern losgeworden.

Vielleicht lässt sich Nancy ja auf ein Komplott gegen ihn ein, überlegte er. Aber dazu musste er zunächst herausfinden, wer oder was tatsächlich hinter Nancys verändertem Verhalten steckte.

„Ich werde ihr einen Spion auf die Fersen hetzen", murmelte Fagin vor sich hin. „Das werde ich tun!"

Eine Woche verging. Wieder war es Sonntag kurz vor Mitternacht – die Turmuhren schlugen gerade Viertel vor zwölf –, als zwei Gestalten die London Bridge betraten. Die eine von ihnen war eine Frau, die rasch vorwärtseilte und sich dabei immer wieder ängstlich umsah. Bei der anderen Gestalt handelte es sich um einen Mann, der der Frau heimlich und in einigem Abstand folgte.

Über dem Fluss hing dichter Nebel. Nancy – denn sie war die Frau – war ein paarmal ruhelos hin und her gegangen. Offenbar ahnte sie nicht, dass jeder ihrer Schritte beobachtet wurde. Von St. Paul's her waren wieder Glocken zu hören. Mitternacht.

Das Läuten war kaum eine Minute verklungen, da entstiegen kurz vor der Brücke eine junge Dame und ein grauhaariger Herr einer Mietdroschke. Nancy fuhr erschrocken zusammen und ging den beiden entgegen.

„Nicht hier", sagte sie hastig. „Ich fürchte mich, hier mit Ihnen auf der offenen Brücke stehen zu bleiben. Kommen Sie mit, dort drüben die Treppe hinunter."

Die Treppe, auf die Nancy gezeigt hatte, führte zu einem Landungssteg am Flussufer hinunter, der jetzt verlassen war. Sie schritten hinab, ohne zu merken, dass der als Fuhrmann verkleidete Spion ihnen folgte und sie belauschte.

So hörte der Lauscher, wie der grauhaarige Herr sagte: „Sie sind letzten Sonntag nicht hier gewesen."

„Ich konnte nicht kommen", erklärte Nancy. „Der Mann, von dem ich der jungen Dame bereits erzählt habe, hat mich mit Gewalt zurückgehalten."

„Er hat doch hoffentlich keinen Verdacht geschöpft?"

„Das glaube ich nicht. Trotzdem ist es nicht leicht für mich, das Haus zu verlassen, ohne ihm den Grund dafür zu sagen. Schon das erste Mal hätte ich die junge Dame nicht aufsuchen können, wenn ich ihm nicht vorher heimlich ein Schlafmittel gegeben hätte. Aber Verdacht hat er sicher nicht geschöpft."

„Die junge Dame hier hat mir und einigen anderen Freunden, die vertrauenswürdig sind, erzählt, was Sie ihr damals mitgeteilt haben", erklärte der alte Herr. „Ich gestehe Ihnen, dass ich im ersten Augenblick gezweifelt habe, ob wir uns auf Sie verlassen können. Jetzt aber bin ich davon überzeugt. Sehen Sie, wir müssen diesem Monks sein Geheimnis entreißen. Wenn Sie irgendwie können, müssen Sie uns den Mann in die Hände spielen."

„Und wenn er Fagin und die anderen verrät? Auch wenn ich von diesen Menschen nicht viel Gutes erfahren habe, so fühle ich mich ihnen doch verpflichtet. Und, wie ich der jungen Dame bereits gesagt habe, einen von ihnen liebe ich sogar."

„Ich verspreche Ihnen feierlich, dass wir uns damit begnügen werden, ihm sein Geheimnis zu entreißen. Wir wollen nur die Dinge herausbekommen, die den armen Oliver betreffen."

„Wenn es Ihnen aber nicht gelingen sollte, Monks' Geheimnis herauszubekommen, ohne den anderen zu schaden?", fragte Nancy.

„Ich verspreche Ihnen, dass Fagin und die anderen nicht ohne Ihre Einwilligung dem Arm der Gerechtigkeit übergeben werden sollen."

„Verspricht mir das auch die junge Dame?"

„Ja“, erwiderte Rose. „Ich verspreche es Ihnen.“

„Und Monks wird nie erfahren, wer Ihnen das alles verraten hat?“

„Nein, niemals“, sagte der alte Herr.

Einen Augenblick überlegte Nancy noch, dann beschrieb sie die Schenke „Drei Krüppel“. Sie redete dabei so leise, dass sich der Spion nur mit Mühe aus den Bruchstücken, die er hörte, das Übrige zusammenreimen konnte.

Dann sprach Nancy wieder etwas lauter. „Monks ist relativ groß“, hörte er sie deutlich sagen. „Sein Gang hat etwas Schleichendes und er zieht beständig beide Schultern hoch. Vergessen Sie das nicht. Es ist das auffälligste Kennzeichen. Außerdem liegen seine Augen viel tiefer im Kopf als bei anderen Menschen. Seine Haut wirkt – obwohl er höchstens Ende zwanzig sein kann – welk und fahl. Sein Gesicht ist eingefallen und ausgezehrt, seine Lippen sind farblos und vernarbt. Er leidet an schrecklichen Anfällen und beißt sich manchmal sogar in die Hände … Warum fahren Sie denn plötzlich so zusammen?“, fragte sie und hielt plötzlich inne.

Der alte Herr antwortete ausweichend und bat sie fortzufahren.

„Was ich Ihnen da sage“, erzählte Nancy weiter, „weiß ich von anderen Leuten. Ich selbst habe ihn nur zweimal gesehen. Beide Male war er in einen weiten Mantel gehüllt. Ich glaube, das ist alles.“ Doch plötzlich fiel ihr noch etwas ein. „Warten Sie. An der Kehle, so weit oben, dass man es über dem Halstuch gerade noch sehen kann, hat er …“

„… ein breites rotes Muttermal wie eine Brandwunde“, beendete ihr Gesprächspartner den Satz.

„Wie? Kennen Sie ihn etwa?“, fragte Nancy verwundert.

„Ich glaube schon. Zumindest kommt er mir nach Ihrer Beschreibung bekannt vor. Nun, wir werden ja sehen. Vielleicht habe ich mich ja getäuscht. Jedenfalls haben Sie uns einen sehr wichtigen Dienst erwiesen. Nur zu gerne würde ich mich Ihnen hierfür erkenntlich zeigen. Kann ich gar nichts für Sie tun?"

„Gar nichts", versetzte Nancy.

„Sind Sie sicher? Ich helfe Ihnen gerne, wo ich nur kann", hakte der alte Herr mit gütiger Stimme nach.

Doch Nancy lehnte die angebotene Hilfe ab. Trotz all ihrer traurigen Erfahrungen konnte sie ihren geliebten Bill Sikes nicht im Stich lassen. Dagegen waren alle Überzeugungsversuche machtlos.

„Es hat keinen Sinn", sagte der alte Herr schließlich seufzend. „Wir gefährden nur Ihre Sicherheit, wenn wir Sie noch länger aufhalten."

Nancy wandte sich zum Gehen.

„Nehmen Sie wenigstens dieses Geld!", rief die junge Dame Nancy nach.

„Nein", lehnte Nancy ab. „Was ich getan habe, geschah nicht um des Geldes willen. Aber wenn Sie mir etwas geben wollen, dann Ihre Handschuhe oder Ihr Taschentuch oder etwas anderes, das mich an Sie erinnert. Gott segne Sie."

Die heftige Erregung des Mädchens bewegte den alten Herrn, ihrem Wunsch nachzukommen.

Kaum hatten sich Mr Brownlow und Rose Maylie entfernt, da sah der Spion erstaunt, wie sich Nancy auf den Boden sinken ließ und weinte, als wollte sie nie wieder aufhören.

34. Kapitel

Fatale Folgen

Es war etwa zwei Stunden vor Tagesanbruch. Um diese Zeit war die Nacht gewöhnlich am finstersten. Jedes Geräusch verstummte und die Straßen lagen still und verödet da, nachdem die letzten Zecher und Unruhestifter nach Hause getaumelt waren. Einer aber war noch wach: Fagin. Er saß in seiner düsteren Wohnung und starrte vor sich hin. Sein Gesicht war so bleich und verzerrt, dass er mit seinen roten, blutunterlaufenen Augen weniger einem Menschen als einem scheußlichen, soeben aus dem Grab erstandenen Geist glich.

In eine zerlumpte Decke gehüllt, kauerte er vor dem erkalteten Ofen und blickte in eine flackernde Kerze, die jeden Augenblick zu erlöschen drohte. Geistesabwesend kaute er an seinen schmutzigen Fingernägeln und grübelte vor sich hin. Sein Spion hatte ihn von Nancys Tun genau unterrichtet. Das Misslingen seiner Pläne erfüllte ihn mit Bitterkeit und in seinem Herzen loderte ein tödlicher Hass gegen das Mädchen, das es gewagt hatte, sich mit Fremden einzulassen. Er traute Nancys Versuchen, ihn zu schützen, nicht. In ihm nagte die Furcht, entdeckt und zum Tode verurteilt zu werden.

Da waren von der Straße her Schritte zu hören. „Endlich“, murmelte er und fuhr sich mit der Hand über die fieberheiße Stirn. „Endlich!“

Als es läutete, ging er zur Haustür und kehrte bald darauf mit einem vermummten Mann zurück, der ein Bündel unterm Arm trug: Sikes.

„Da“, sagte dieser und warf das Bündel auf den Tisch. „Mach’s zu Geld, so gut du kannst. Mühe genug hat’s gekostet: Ich hätte schon vor drei Stunden hier sein sollen.“

Fagin verstaute das Bündel in einem Schrank, setzte sich wieder hin und blickte Sikes so starr an, dass sein Gegenüber ganz nervös wurde.

„Was gibt’s denn?“, fragte er. „Teufel noch mal, warum siehst du mich so an?“

„Ich muss dir was erzählen, Bill“, begann Fagin. „Es wird dir dabei so mies zumute werden, wie es mir schon ist.“

„So, glaubst du“, versetzte der Einbrecher trocken. „Also los. Aber mach schnell, sonst denkt Nancy noch, dass die Bullen mich am Wickel haben.“

„Am Wickel“, wiederholte Fagin. „Glaubst du, dass Nancy sich was daraus machen würde?“

Sikes sah ihn verblüfft an. Dann packte er den Alten mit seiner riesigen Faust und schüttelte ihn hin und her. „Raus mit der Sprache!“, schrie er. „Was ist los?“

„Nimm mal an, einer der Jungen hätte Kontakt zu gewissen Leuten gesucht, um uns zu verpetzen. Nimm an, er hätte sich aus freien Stücken und ohne bedroht worden zu sein mit ihnen auf der Straße getroffen, um alles zu verraten. Was sollte mit dem Jungen geschehen?“

„Was mit ihm geschehen sollte?“, fragte Sikes und stieß einen entsetzlichen Fluch aus. „Wenn ich ihn lebend in die Hand bekäme, würde ich ihm den Schädel einschlagen.“

„Und was, wenn ich so was getan hätte?“, rief Fagin. „Ich weiß doch wahrhaftig genug und könnte so manchen an den Galgen bringen.“

„Ich weiß nicht, was ich täte“, brummte Sikes. Bei dem bloßen Gedanken wurde er weiß wie eine Wand und knirschte mit den Zähnen. „Ich glaube, ich würde auch dir den Schädel einschlagen."

„Das würdest du?"

„Jawohl, das würde ich", sagte der Einbrecher. „Glaubst du mir vielleicht nicht?"

„Und wenn's Charley Bates wäre oder das Schlitzohr oder …"

„Völlig egal, wer's ist!", schrie Sikes ungeduldig. „Er wäre dran, wie ich's gesagt habe."

Fagin sah Sikes fest in die Augen. Dann berichtete er, was er von seinem Spion über Nancys Verrat erfahren hatte.

Eine ganze Weile starrte Sikes ihn fassungslos an. Dann schrie er außer sich vor Wut: „Der Teufel soll sie holen!" Damit stieß er Fagin zur Seite und stürzte wie ein Rasender die Treppe hinab.

„Bill, Bill!", rief der Alte und folgte ihm hastig ins Treppenhaus. „Nur ein Wort nur noch."

„Lass mich!", keuchte Sikes, die Hand schon am Türgriff. „Kein Wort jetzt, lass mich, sage ich."

„Nur noch ein Wort", flüsterte Fagin und legte die Hand auf die Klinke. „Du wirst doch nicht …?"

„Was?"

„Du wirst doch nicht zu weit gehen, Bill?"

Es war bereits hell genug geworden, dass die beiden einander in die Augen sehen konnten. Sie tauschten einen kurzen Blick. Es war ein Blick, der nicht missverstanden werden konnte.

„Ich will nur sagen: Tu nichts, was dich selbst in Gefahr bringt. Sei schlau, Bill, und riskiere nichts."

Sikes antwortete nicht. Er stieß die Tür auf und stürzte hinaus auf die Straße. Ohne auch nur eine Sekunde innezuhalten, lief er weiter, bis er seine eigene Haustür erreicht hatte. Er öffnete sie vorsichtig mit einem Schlüssel und schlich die Treppe hinauf, trat in sein Zimmer, verschloss es und schob einen schweren Tisch vor die Tür. Dann zog er den Bettvorhang zurück.

Nancy lag halb angekleidet da. Er hatte sie im Schlaf gestört.

„Aufgestanden", keuchte er.

„Du bist's, Bill", sagte das Mädchen, sichtlich erfreut über seine Heimkehr.

„Ja, ich bin's", war die Antwort. „Aufgestanden!"

Es brannte eine Kerze, aber Sikes riss sie aus dem Leuchter und schleuderte sie in die Asche des Kamins. Von draußen schien mattes Tageslicht herein und das Mädchen stand auf, um die Gardine zur Seite zu ziehen.

„Lass das", knurrte Sikes und stieß sie zurück. „Es ist genug Licht für das, was ich vorhabe."

„Bill", flüsterte das Mädchen, sprachlos vor Entsetzen. „Was stierst du mich so an?"

Ein paar Sekunden blieb Bill Sikes regungslos stehen. Dann packte er sie an der Kehle und schleppte sie in die Mitte des Zimmers. Mit einem Blick auf die Tür legte er seine starke Hand an ihre Gurgel.

„Bill, Bill", röchelte das Mädchen und kämpfte mit Todesangst gegen seinen Griff. „Ich … ich … ich will ja nicht schreien! Was habe ich denn getan?"

„Das weißt du selbst, du Aas", knirschte Sikes. „Man hat dich in der Nacht beobachtet. Jedes Wort weiß ich, das du gesagt hast."

„Dann schone mein Leben um des Barmherzigen willen, wie ich deines geschont habe", jammerte Nancy und klammerte sich an ihn. „Bill, lieber Bill, du kannst mich doch nicht ermorden wollen. Bedenke, was ich gestern deinetwegen aufgegeben habe. Bill, Bill, um Himmels willen, komm zur Besinnung! Ich bin dir treu geblieben, so wahr mir Gott helfe."

Mit aller Kraft kämpfte Sikes, um seine Arme freizukriegen, aber die des Mädchens schlangen sich so fest um ihn, dass es ihm nicht gelang.

„Bill!", wimmerte Nancy. „Es ist nie zu spät für Reue. Das haben mir diese Leute gesagt – und auch ich fühle das jetzt."

Doch da konnte Sikes seinen Arm befreien und griff nach der Pistole. Eine Sekunde überlegte er, ob er abdrücken sollte. Aber er hatte Angst, dass der Knall ihn verraten würde. Mit aller Kraft schlug er dem Mädchen ins Gesicht.

Blut lief aus einer klaffenden Wunde an ihrer Stirn, sie taumelte und fiel auf den Boden. Mühsam erhob sie sich noch einmal auf die Knie. Aus der Tasche zog sie ein weißes Tuch – das von Rose Maylie – und hielt es mit gefalteten Händen in die Höhe. Dabei murmelte sie ein Gebet und flehte um das Erbarmen Gottes.

Es war ein grausiges Bild.

Sikes wankte zurück und bedeckte seine Augen mit der Hand, um Nancy nicht mehr sehen zu müssen. Dann packte er einen Knüppel und schlug sie nieder.

35. Kapitel

Sikes' Flucht

Von allen bösen Taten, die während dieser Nacht in London begangen wurden, war diese wohl die schlimmste. Die Sonne ging auf und erhellte auch das Zimmer, in dem das ermordete Mädchen lag. Sikes versuchte vergeblich, das Licht auszusperren. Er hatte sich aus Furcht nicht hinausgewagt. Einmal hatte Nancy noch aufgestöhnt und mit einer Hand gezuckt. Da hatte ihn das Entsetzen gepackt und er hatte in sinnloser Wut immer wieder auf sie eingeschlagen. Dann hatte er eine Decke über sie geworfen. Aber noch immer glaubte er sich von ihren toten Augen verfolgt – und das war weit entsetzlicher, als hätte sie ihn wirklich angeblickt.

Sikes entzündete ein Feuer im Kamin und warf den Knüppel hinein. An einem Ende klebten Haare, die in der Glut verprasselten und, vom Luftzug gepackt, in den Schornstein hinaufgerissen wurde. Das Entsetzen schüttelte ihn, aber er behielt die Waffe fest im Blick, bis sie zu Asche verbrannt war. Dann wusch er sich und bürstete sich die Kleider. Es waren Flecken darauf, die sich nicht auswaschen ließen. Er schnitt die Stücke heraus und verbrannte sie. Die ganze Stube war voll Blutflecken, alles, selbst die Pfoten des Hundes waren blutig.

Nicht ein einziges Mal hatte er dem Leichnam den Rücken zugekehrt, nicht einen Augenblick lang. Als er den Knüppel vernichtet und seine Kleider gesäubert hatte, schritt er rücklings zur Tür, den Hund mit sich zerrend. Leise drehte er den Schlüssel herum. Dann überquerte er die Straße und sah zu den Fenstern empor, um sich zu vergewissern, dass man von draußen nichts Verdächtiges sehen konnte. Schließlich pfiff er nach seinem Hund und ging eilig davon.

Er ging durch Islington, schritt Highgate hinauf, ohne recht zu wissen, wohin er sich wenden sollte. Meile um Meile wanderte er. Und obwohl er schon seit vielen Stunden unterwegs war, fand er nicht den Mut, sich etwas zu trinken oder zu essen zu kaufen. Bald hatte er die Stadt hinter sich gebracht und ging doch immer weiter.

Endlich schlich er, aufs Äußerste erschöpft, in ein ärmliches Wirtshaus. Er setzte sich in den hintersten Winkel der Gaststube, aß und trank und warf zuweilen seinem Hund einen Bissen hin. Dabei schien es ihm, als ob die anderen Gäste ihm ansehen könnten, welches Verbrechen er begangen hatte. Schnell brach er wieder auf.

Trotzig schritt er dahin. Immer dunkler und einsamer wurde es auf der Straße und er fühlte immer deutlicher, wie ihm Schauer über Schauer über den Rücken lief. Jeder Gegenstand, der vor ihm auftauchte, nahm das Aussehen von irgendetwas Schrecklichem an. Jeder Windstoß schien das Echo von Nancys letztem Aufschrei zu ihm zu tragen.

Es war, als werde er von einem Gespenst verfolgt. Ein paarmal wendete er sich um in dem verzweifelten Versuch, es zu verscheuchen – und sollte es ihn auch mit den Blicken töten. Aber die Haare sträubten sich ihm und das Blut gefror in seinen Adern, denn das Gespenst hatte sich zugleich mit ihm umgewandt und stand nun wieder hinter ihm.

Als es dunkel wurde, fand er einen Heuschober, in dem er sich verkroch. Vor dem Eingang standen drei Pappeln, die kein Licht hereinließen, und der Wind heulte in ihrem Geäst. Er verbrachte eine unruhige Nacht.

Am nächsten Morgen wanderte er weiter. Doch wohin er auch kam: Nancys Gespenst verfolgte ihn und überall schien es ihm, als starre man ihn an und erzähle sich gegenseitig, dass er der berüchtigte Mörder aus London sei.

„Er ist nach Birmingham, sagt man", hörte er einmal jemanden sagen. „Aber sie werden ihn schon kriegen. Die Polizei ist hinter ihm her. Noch ein paar Stunden und das ganze Land ist alarmiert."

Sikes lief davon und wanderte weiter, bis er fast zusammenbrach. Dann legte er sich hinter einer Hecke nieder und fiel in einen langen, unruhigen Schlaf. Und wieder wanderte er weiter und weiter, bis er erneut zu Boden sank.

Plötzlich fasste er den verzweifelten Entschluss, nach London zurückzukehren. „Dort ist doch wenigstens jemand, mit dem man reden kann, und verstecken kann man sich auch", sagte er sich. „Wenn sie mich schon auf dem Lande suchen, werden sie mich in der Stadt nicht mehr vermuten. Ich werde aus Fagin einen ordentlichen Batzen Geld herauspressen. Und dann fahre ich nach Frankreich hinüber. Zum Teufel – ich wage es!"

Kurz entschlossen schlug er den geraden Weg zur Hauptstadt ein. Da fiel ihm plötzlich sein Hund ein. Seine Pfoten hatten Blutspuren hinterlassen. Also würde man auch nach ihm suchen und wenn man ihn bei ihm fand, konnte das alles verraten. Sikes beschloss, das Tier zu ersäufen. Er hob einen schweren Stein vom Boden auf und wickelte ihn in sein Taschentuch, sich immerwährend nach einem Teich oder dergleichen umsehend. Der Köter blickte seinen Herrn an, als dieser seine Vorkehrungen traf. Ob er etwas ahnen mochte oder nicht, jedenfalls blieb er weiter als sonst zurück und kroch geduckter und langsamer einher, als er es bisher getan hatte. Als Sikes am Rande eines Teiches stehen blieb, blieb auch er stehen und rührte sich nicht.

„Los, komm her!“, schrie Sikes.

Das Tier kam herangekrochen. Als aber Sikes sich bückte, um ihm das Taschentuch um den Hals zu binden, stieß der Hund ein dumpfes Knurren aus und wich zurück.

„Hierher!“, schrie Bill.

Der Hund wedelte mit dem Schwanz, rührte sich aber nicht vom Fleck.

Sikes knüpfte eine Schlinge und rief das Tier abermals. Der Hund tappte ein paar Schritte vorwärts, machte dann aber plötzlich kehrt und lief über die Felder davon, so rasch ihn seine Beine trugen.

Sikes sah im lange nach. Dann machte er sich allein auf den Weg zurück nach London.

36. Kapitel

Monks und Mr Brownlow treffen endlich zusammen – ihre Unterredung und die Nachricht, die sie unterbricht

Es dunkelte bereits, als eine Droschke vor Mr Brownlows Haus hielt. Außer Mr Brownlow selbst entstiegen ihr zwei kräftige Männer, die mit eisernem Griff einen dritten Mann zwischen sich festhielten. Schweigend ging Mr Brownlow voran, widerstrebend folgte ihm Monks, der von den beiden tatkräftigen Männern geführt wurde.

An der Tür zu einem Hinterzimmer blieb Monks stehen und weigerte sich weiterzugehen.

„Entweder – oder", sagte Brownlow entschlossen. „Wenn er nicht pariert, dann bringt ihr ihn einfach zur Polizei und klagt ihn in meinem Namen als Verbrecher an."

„Wie können Sie sich unterstehen ...?", fuhr Monks auf.

„Und wie können Sie sich unterstehen, mich zum Äußersten zu drängen?", unterbrach ihn Mr Brownlow. „Sie können mich ja wegen Freiheitsberaubung verklagen. Wenn Sie sich an die Polizei wenden wollen, tun Sie es. Aber verlassen Sie sich darauf, dass ich dann mit aller Härte gegen Sie vorgehen werde."

Monks blickte den alten Herrn ängstlich an, dann schritt er in das Zimmer voraus und setzte sich achselzuckend nieder.

„Verriegelt die Tür von draußen", befahl Mr Brownlow den beiden Männern. „Und kommt erst herein, wenn ich klingele."

Die Männer gehorchten.

„Das ist ja eine recht hübsche Behandlung, Sir – und noch dazu von dem ältesten Freund meines Vaters“, sagte Monks.

„Gerade weil ich der älteste Freund Ihres Vaters war, lasse ich noch immer Milde gegen Sie walten, junger Mann. Denn auch wenn Sie sich jetzt Monks nennen, so sind und bleiben Sie doch Edward Leeford – obwohl Sie erröten müssten, da Sie sich dieses Namens so unwürdig erweisen.“

„Also, was wollen Sie von mir?“, fragte Monks ungeduldig.

„Sie haben einen Bruder, dessen Name ich Ihnen auf der Straße nur ins Ohr zu flüstern brauchte. Das hat schon genügt, dass Sie sich nicht weiter zur Wehr setzten.“

„Ich habe keinen Bruder“, fuhr Monks auf. „Sie wissen, dass ich der einzige Sohn meines Vaters bin.“

„Ich weiß, dass Sie der einzige und verdorbene Spross jener Ehe sind, die Ihr unglücklicher Vater aus falschem Ehrgeiz in jungen Jahren geschlossen hat.“

„Lassen Sie bitte Ihre Beleidigungen. Die haben auf mich doch keine Wirkung“, unterbrach ihn Monks höhnisch.

„Ich weiß ferner“, fuhr der alte Herr unbeirrt fort, „welches Unglück jene unbedachte und aus den falschen Gründen geschlossene Ehe zur Folge hatte. Ich weiß, dass die beiden Eheleute schließlich so sehr von Abscheu und Hass gegeneinander geprägt waren, dass sie die Ketten zerrissen und sich trennten.“

„Ja, sie trennten sich“, gab Monks zu, „aber was weiter?“

„Glücklicherweise fand Ihr armer Vater neue Freunde“, fuhr Mr Brownlow fort. „Unter ihnen war auch ein Marineoffizier, der im Ruhestand lebte und dem ein halbes

Jahr vorher die Gattin gestorben war. Er hatte zwei Töchter. Die eine war damals neunzehn Jahre alt, die andere noch ein Kind von zwei bis drei Jahren."

„Wozu erzählen Sie mir das alles?", fragte Monks spöttisch.

„Der Offizier schätzte Ihren Vater immer mehr, je länger ihre Bekanntschaft dauerte. Und auch seine neunzehnjährige Tochter gewann Ihren Vater mit der Zeit lieb." Der alte Herr hielt inne.

Monks biss sich auf die Lippen und schlug die Augen zu Boden.

„Nach einem Jahr waren Ihr Vater und das junge Mädchen ein Liebespaar. Eines Tages starb jener reiche Verwandte Ihres Vaters, auf dessen Drängen er die erste, unglückliche Ehe geschlossen hatte. Der Verstorbene hinterließ ein großes Vermögen. Ihr Vater musste nach Rom reisen, wo der Erblasser gestorben war, um die Angelegenheiten zu ordnen. Dort aber wurde er krank und starb kurz darauf. Man fand kein Testament, sodass sein ganzes Vermögen Ihrer Mutter und Ihnen zufiel."

Monks hielt den Atem an und hörte Mr Brownlow jetzt gespannt zu. Als dieser schwieg, fuhr er sich erleichtert mit dem Taschentuch über sein erhitztes Gesicht.

Den Blick fest auf ihn gerichtet, fuhr Mr Brownlow fort: „Ihr Vater ist jedoch, bevor er England verlassen hat, zu mir gekommen."

„Davon hab ich noch nie gehört", unterbrach ihn Monks in einem Ton, der Unglauben ausdrücken sollte, aber kaum seinen Schrecken verbergen konnte.

„Er kam zu mir und ließ unter anderem ein Bild zurück, das er selbst von seiner jungen Geliebten gemalt hatte. Er war voll Angst und Unruhe. Gewissensbisse plagten ihn. Er sprach verstört von Ruin und Entehrung, an denen er schuld sei, und vertraute mir an, er wolle alles, was er besitze, zu Geld zu machen. Einen Teil davon wollte er seiner geschiedenen Frau und Ihnen vermachen, um dann England zu verlassen. Ich erriet, dass er vorhatte, nicht allein zu fliehen. Aber selbst mir, seinem alten Jugendfreund, gegenüber sprach er sich nicht völlig aus."

Nach kurzem Schweigen fuhr Mr Brownlow fort: „Als ich hörte, dass er tot war, begab ich mich an den Schauplatz seiner – wie die Welt es nennen würde – sündigen Liebe, um dem Mädchen, das ihm seine Liebe geschenkt hatte, eine Zuflucht anzubieten. Die Familie hatte jedoch kurze Zeit vorher die Grafschaft verlassen und war bei Nacht und Nebel fortgezogen. Weshalb und wohin, konnte ich nicht erfahren."

Monks atmete auf und lächelte triumphierend.

Doch Mr Brownlow fuhr fort: „Als Ihr Bruder – ein elendes, verwahrlostes Kind – durch eine Fügung des Himmels zu mir geführt und durch mich vom Verderben gerettet wurde …"

„Was sagen Sie da?", rief Monks.

„Ihr Bruder wurde durch mich aus der Gesellschaft von Verbrechern gerettet. Sehen Sie – ich habe Ihnen doch gesagt, dass meine Erzählung Sie interessieren wird! Ihr verbrecherischer Genosse Fagin hat, wie ich merke, meinen Namen verschwiegen, da er ja nicht annehmen konnte, er sei Ihnen bekannt. Als das arme Kind in meinem Haus war, da fiel mir schon die Ähnlichkeit mit dem Bild auf, das mir Ihr Vater gegeben hatte. Dass das Kind später entführt wurde, ehe ich alles Nähere über seine Vergangenheit erfuhr, wissen Sie so gut wie ich. Das brauche ich Ihnen nicht zu erzählen."

„Wieso nicht?", fragte Monks hastig.

„Weil Sie es bereits wissen."

„Ich?"

„Lassen Sie die Lügen beiseite", versetzte Mr Brownlow kühl. „Sie werden sehen, dass ich noch viel mehr weiß."

„Sie können mir nichts beweisen! Sie nicht!", stotterte Monks. „Versuchen Sie es doch."

„Wir werden ja sehen", sagte der alte Herr. „Also: Das Kind wurde mir entführt, und alle meine Bemühungen, es wiederzufinden, waren vergeblich. Da Ihre Mutter tot war, waren Sie der Einzige, der das Geheimnis kennen konnte. Nun wusste ich, dass Sie nach Westindien geflüchtet waren, um sich so der gerechten Strafe für frühere Untaten zu entziehen. Ich folgte Ihnen nach Westindien, erfuhr dort aber, dass Sie schon vor Monaten wieder nach London zurückgekehrt waren. Also ging auch ich wieder nach London, um hier weiter nach Ihnen zu suchen. Und vor zwei Stunden habe ich Sie endlich gefunden."

„Nun gut!", sagte Monks und stand trotzig auf. „Und weiter? Sie faseln da etwas daher von einem Bruder, den ich angeblich hätte, dabei wissen Sie nicht einmal, ob die Betreffende überhaupt ein Kind geboren hat."

„Ich weiß es, wenn ich auch erst vor vierzehn Tagen letzte Sicherheit erhalten habe", erwiderte Mr Brownlow, ebenfalls aufstehend. „Sie haben einen Bruder und Sie kennen ihn. Es gab ein Testament. Doch Ihre Mutter vernichtete es, und bevor sie starb, vertraute sie Ihnen sowohl das Geheimnis des Testaments als auch das unrechtmäßig erworbene Erbe an. In dem Testament stand, es sei die Geburt eines Kindes zu erwarten. Das Kind kam auch zur Welt. Der Zufall führte Ihnen dieses Kind über den Weg. Und weil es nicht nur seiner Mutter, sondern auch seinem – und Ihrem – Vater ähnlich sah, schöpften Sie Verdacht. Sie brachten die einzigen Beweise für die Herkunft des Jungen an sich und vernichteten sie. Diese Beweise liegen nun auf dem Grunde des Flusses, und das alte Weib, das sie der Mutter des Jungen stahl, ist längst tot. Sie sind ein Unwürdiger, ein Lügner und Feigling. Sie haben sich mit Dieben und Verbrechern eingelassen und einem Menschen nach dem Leben getrachtet, der tausend Mal besser ist als Sie. Wollen Sie das etwa leugnen, Edward Leeford?"

„Nein, nein, nein!", rief Monks, zusammenbrechend unter der Last der Beschuldigungen.

„Jedes Wort", rief der alte Herr, „das zwischen Ihnen und Ihrem Helfershelfer gewechselt wurde, kenne ich. Ein Schatten an der Wand hat Ihnen zugehört und es mir verraten. Ein Mord ist von Ihnen verübt worden, wenn auch nicht im körperlichen, so doch im geistigen Sinne."

„Nein", unterbrach ihn Monks, „von dem Mord weiß ich nichts. Ich wollte der Sache eben auf den Grund gehen, als Sie mich gefangen nahmen."

„Der Mord wurde begangen, weil uns gewisse Geheimnisse, die Sie betrafen, verraten worden sind", erwiderte Mr Brownlow. „Geben Sie nun Ihre Untaten zu? Werden Sie uns jetzt das ganze Geheimnis enthüllen oder nicht?"

„Ja, das will ich tun."

„Und den Sachverhalt vor Zeugen bestätigen?"

„Meinetwegen auch das."

„Außerdem müssen Sie dem armen Oliver das wiedererstatten, was ihm rechtmäßig gehört. Sie kennen die Bestimmungen, die sein Vater zu seinen Gunsten testamentarisch niedergelegt hat. Wenn Sie die erfüllen, können Sie gehen, wohin Sie wollen."

Monks, von Furcht und Hass durchwühlt, schritt grübelnd auf und nieder, da wurde plötzlich die Tür aufgerissen und Dr. Losberne trat erregt ins Zimmer. „Man ist dem Mörder auf der Fährte!", rief er. „Heute Abend noch wird man ihn verhaften. Die Regierung hat eine hohe Belohnung auf seinen Kopf ausgesetzt."

„Das ist eine gute Nachricht!", rief Mr Brownlow. „Wo ist Mr Maylie?"

„Harry ist fortgeritten, um mit den Verfolgern des Mörders zusammenzutreffen."

„Und Fagin?"

„Bis jetzt hat man ihn noch nicht erwischt. Aber das kann nicht mehr lange dauern."

„Gut!", sagte Mr Brownlow und wandte sich dann an Monks. „Sie warten hier, bis ich zurückkomme." Dann ging er gemeinsam mit Losberne hinaus und verschloss die Tür hinter sich.

„Haben Sie etwas erreicht?", fragte der Doktor flüsternd.

„Vielleicht noch mehr, als ich hoffen konnte. Ich kombinierte das, was das arme Mädchen gesagt hatte, mit dem, was ich schon wusste, und sagte es dem Kerl auf den Kopf zu. Er hat jetzt Angst, dass ich ihn der Polizei ausliefere, und hofft, dass ich mich gnädig zeige, wenn er alles tut, was ich von ihm verlange. Bleiben Sie sicherheitshalber hier, während ich zur Polizei gehe. Ich will dabei sein, wenn der Mörder des armen Mädchens gefasst wird."

37. Kapitel

Die Verfolgung und das Entkommen

Unweit des Ufers der Themse, wo die Schiffe noch schwärzer von Kohlenstaub und die niedrigen Häuser noch schmutziger waren als irgendwo anders in London, lag wohl das widerwärtigste und unheimlichste Stadtviertel. Um dorthin zu gelangen, musste man sich durch ein Labyrinth schmaler, enger und schmutziger Straßen hindurchfinden, das von dem ärmsten Teil der Bevölkerung dicht bewohnt war. In den Auslagen der Läden sah man die unappetitlichsten Nahrungsmittel und vor den Trödlerbuden hingen die schmierigsten Lumpen. Hier, in der Vorstadt Southwark, lag die Jakobsinsel in einem sumpfigen, von Schleusen regulierten Seitenarm der Themse, der sich mit Wasser füllte, wenn vom Meer die Flut hereindrang.

Auf der Jakobsinsel standen alte Warenspeicher und Lagerhallen. Früher hatten hier Schiffe angelegt und waren entladen worden. Nun aber waren die Wände der Gebäude gesprungen und die Dächer schadhaft. Seit mindestens dreißig Jahren war hier nichts mehr repariert worden und die einst so betriebsame Gegend war jetzt ein ödes, wüstes Eiland.

Im oberen Stock eines der verfallenen Häuser saßen, in dumpfes Schweigen versunken, drei Männer, die sich von Zeit zu Zeit mit angsterfüllten Mienen gegenseitig anstarrten. Zwei von ihnen, Toby Crackit, mit dem Sikes einst den Einbruch im Hause der Maylies versucht hatte, und Tom Chitling gehörten zu Fagins Bande. Der dritte war ein etwa fünfzigjähriger Kerl namens Kags, dem einmal bei einer Rauferei die Nase eingeschlagen worden war und über dessen Gesicht sich eine furchtbare Narbe zog. Er war ein alter Bekannter von Fagin.

Endlich brach Toby Crackit das Schweigen und fragte: „Wann haben sie Fagin gefasst?“

„Gerade beim Mittagessen. Jack hat versucht, sich in einem leeren Fass zu verstecken. Doch seine langen Beine schauten heraus. So haben sie ihn entdeckt. Charley Bates und ich konnten gerade noch durch den Schornstein entkommen.“

„Und Betsey?“

„Ach, die arme Betsey! Die ist ins Leichenschauhaus, um noch einmal die tote Nancy zu sehen. Aber beim Anblick ihrer ermordeten Freundin hat sie den Verstand verloren. Sie haben ihr gleich eine Zwangsjacke angelegt und sie ins Irrenhaus gebracht.“

„Was ist aus Charley Bates geworden?“, fragte Kags.

„Er kommt, sobald es dunkel wird. Er hat sich versteckt. Vorher geht es nicht, denn draußen ist alles voller Polizisten.“

„Heute wird noch so mancher dran glauben müssen“, brummte Toby und biss sich auf die Lippen.

„Wenn ihr bloß gehört hättet, wie die Leute gebrüllt haben“, klagte Chitling. „Die Polizisten haben sich aus Leibeskräften wehren müssen, sonst hätte die Menge ihnen Fagin aus den Händen gerissen. Er war schon ganz voll Blut und Dreck und hat sich an die Polizisten geklammert, als wären sie seine besten Freunde. Sie haben ihn in die Mitte genommen, und die Meute hat geschrien, als ob sie ihm das Herz aus dem Leibe reißen wollte.“

Es wurde allmählich dunkel. Sie schlossen die Fensterläden und zündeten eine Kerze an. Dann rückten sie ihre Stühle enger zusammen. Bei jedem Geräusch schreckten sie auf und wenn sie sprachen, geschah es nur im Flüsterton. Da klopfte es unten plötzlich heftig an der Tür.

„Das wird Charley Bates sein", sagte Kags und schüttelte sich, um seine Angst niederzukämpfen. Toby Crackit ging zum Fenster und zog gleich darauf den Kopf wieder zurück. Die anderen errieten sofort, wer draußen stand. Crackits bleiche Miene sagte es ihnen deutlich.

„Wir müssen ihn hereinlassen", murmelte Crackit, nahm die Kerze und kam bald darauf mit einem Menschen zurück, der kaum mehr Sikes war, sondern eher einem Geist glich. Die Wangen fahl, die Augen trüb und tief liegend, Kinn und Wangen voller Bartstoppeln.

Keiner der Anwesenden sprach ein Wort. Als Sikes endlich das Schweigen brach, schreckten die anderen drei zusammen. „In der Zeitung steht, sie hätten Fagin erwischt. Stimmt das?", fragte er

„Es stimmt."

Wiederum Schweigen.

„Teufel noch mal", fuhr Sikes plötzlich auf und wischte sich mit der Hand über die Stirn. „Habt ihr mir denn gar nichts zu sagen?"

Die anderen rückten nur unruhig auf ihren Stühlen hin und her, blieben aber stumm.

„Wollt ihr mich vielleicht ausliefern?", krächzte Sikes, an Crackit gewandt. „Oder was ist los? Kann ich hierbleiben, bis die Hetze vorbei ist?"

„Kannst schon bleiben, wenn du willst", antwortete Toby zögernd.

Sikes stierte unschlüssig die Wand an, dann sagte er plötzlich: „Ist … ist … die Leiche schon begraben?“

Die drei schüttelten die Köpfe.

„Warum nicht?“, murmelte Sikes und blickte unruhig hin und her. „Warum ist sie noch nicht unter der Erde?“

Wieder klopfte es.

Crackit ging rasch hinaus und kam gleich darauf mit Charley Bates zurück. Als Charley ins Zimmer trat, war Sikes der Erste, den er sah.

„Toby!“, rief Charley und wich zurück, als sich Sikes nach ihm umdrehte. „Toby, warum hast du mir das nicht unten gesagt?“

Sikes hielt dem Jungen die Hand zur Begrüßung hin.

„Ich gehe in ein anderes Zimmer“, sagte Charley Bates und man sah das Grauen in seinen Augen.

„Charley“, schmeichelte Sikes und trat einen Schritt auf ihn zu, „kennst du mich denn nicht mehr?“

„Komm bloß nicht näher!“, rief der Junge und wich bis zur Wand zurück. „Fort, du Mörder!“

Sikes blieb stehen und beide blickten einander starr an. Dann schlug Sikes allmählich die Augen zu Boden.

In diesem Augenblick deutete Crackit plötzlich mit angstvoller Miene auf das Fenster. Von der Straße schimmerten Lichter herauf. Man hörte Stimmengewirr und eilige Schritte. Immer mehr Lichter glänzten auf. Dann hörte man lautes Klopfen an der Haustür und das heisere Gemurmel unzähliger Stimmen.

„Im Namen des Königs! Macht auf!“, rief draußen jemand. Hämmernde Schläge prasselten gegen die Tür und die wütende Volksmenge, die sich versammelt hatte, jubelte laut.

„Teufel noch mal!“, schrie Sikes verzweifelt. Er riss das Fenster auf und drohte der Menge mit der Faust. „Ja, ja, brüllt nur, mich kriegt ihr doch nicht!“

Ein Wutschrei der Menge zerfetzte die Luft. Einige riefen, man solle das Haus anzünden, andere schrien den Polizisten zu, sie sollten schießen. Es wurden Leitern, Hämmer und Äxte gefordert. Der Tumult war unbeschreiblich.

Sikes schloss die Fenster wieder. „Gebt mir rasch einen Strick. Sie sind alle vorne. Ich lasse mich hinten am Fluss hinunter. Schnell einen Strick oder ich lade mir noch drei Morde aufs Gewissen!“

Vor Schreck wie gelähmt wies Chitling in einen Winkel, in dem Tauwerk lag. Hastig wählte Sikes einen der stärksten Stricke aus, eilte eine Treppe hinauf und stieg aufs Dach.

Die rückwärtigen Fenster des Hauses waren schon seit Jahren zugemauert, nur eine kleine Dachluke nicht. Doch auch hinter dem Haus stand die Menge inzwischen. Das Haus war umringt. Als der Mörder jetzt dort oben in dem kleinen Fenster auftauchte, war von allen Seiten Triumphgeschrei zu hören.

„Jetzt haben wir ihn!“, schrie einer. „Hurra!“

„Endlich! Sie haben die Tür aufgebrochen!“, rief ein anderer.

Sofort wälzte sich die Menge wieder zur Vorderseite des Hauses. Alle wollten dabei sein, wenn der Mörder herausgebracht wurde. Für einen Augenblick war die Aufmerksamkeit der Menge abgelenkt.

Sikes, der ein paar Minuten wie gelähmt dort oben gekauert hatte, nahm sofort die günstige Gelegenheit wahr. Er sprang auf die Füße und beschloss, einen letzten Rettungsversuch zu wagen und sich in den sumpfigen Themsearm hinabzulassen. Vielleicht konnte er dann im Schutze der Dunkelheit und im allgemeinen Trubel entkommen. Mit zwei Sätzen war er beim Schornstein, legte ein Ende seines Strickes darum und hatte im Nu an dem anderen

eine starke Schlinge geknüpft, die er unter seinen Armen befestigen wollte. Er blickte hinab in die Tiefe – und stieß einen lauten Entsetzensschrei aus. „Ihre Augen! Sie sehen mich an!“, gellte er mit einer Stimme, die aus einer anderen Welt zu kommen schien. Dabei taumelte er, verlor das Gleichgewicht und stürzte in die Tiefe hinab. Das Seil schlang sich dabei um seinen Hals. Es gab einen entsetzlichen Ruck und der alte Schornstein erbebte. Aber er hielt stand. Der tote Mörder hing regungslos zwischen Himmel und Erde.

38. Kapitel

Klärt mehr als ein Geheimnis auf und enthält einen Heiratsantrag, ohne dass von Mitgift die Rede ist

Zwei Tage später saß Oliver in einer Kutsche, die auf seine Geburtsstadt zurollte. Bei ihm waren Mrs Maylie, Rose, die gute Mrs Bedwin und Dr. Losberne. Mr Brownlow folgte mit jemandem, dessen Name nicht erwähnt worden war, in einer Postkutsche.

„Sehen Sie, dort!", rief Oliver. Eifrig griff er nach Roses Hand und zeigte aus dem Wagenfenster. „Dort ist der Fußweg, über den ich gekommen bin. Und dort sind die Hecken, hinter denen ich mich versteckt habe aus Furcht, man könnte mich erwischen."

Als sie sich der Stadt näherten und endlich durch die engen Gassen fuhren, war Oliver kaum mehr zurückzuhalten. Bei allem, was er sah, wurden Erinnerungen in ihm wach: Dort war der Laden von Mr Sowerberry, dort drüben das Waisenhaus – das Gefängnis seiner Kindheit mit seinen finsteren, unheimlichen Fenstern. Alles war fast genauso, als hätte er es erst gestern verlassen. Sie fuhren vor dem besten Gasthof des Ortes vor, den Oliver als Kind stets mit ehrfürchtiger Scheu betrachtet hatte und der ihm jetzt aber vorkam, als habe er merklich an Pracht und Größe eingebüßt. Mr Brownlows Freund Mr Grimwig stand dort – derselbe Herr, der ihm einst nicht geglaubt hatte und der sich nun, strahlend vor Glück, so herzlich benahm, als sei er der Großvater der ganzen anwesenden Gesellschaft.

Kaum hatten sie den Gasthof betreten, da zog sich Mr Brownlow in ein Zimmer zurück, statt mit den anderen zu Abend zu essen. Die beiden anderen Herren gingen immer wieder zu ihm, kamen dann mit ernsten Gesichtern zurück und verschwanden wieder. Einmal wurde auch Mrs Maylie hinausgerufen. Als sie eine Stunde später wieder in den Speiseraum trat, hatte sie rote, verweinte Augen.

Rose und Oliver ahnten den Grund dafür nicht.

Endlich, um neun Uhr, traten Dr. Losberne und Mr Grimwig ins Zimmer, gefolgt von Mr Brownlow und einem Mann, bei dessen Anblick Oliver vor Schreck beinahe aufgeschrien hätte. Er erinnerte sich genau an ihn: Es war derselbe Mann, den er vor langer Zeit während Roses Krankheit getroffen hatte, als er den Brief an Dr. Losberne aufgab, und der später mit Fagin durch das Fenster gespäht hatte, hinter dem er an seinen Schularbeiten saß.

Monks warf dem erstaunten Oliver einen hasserfüllten Blick zu und nahm dann dicht bei der Tür Platz.

Mit einigen Papieren in der Hand trat jetzt auch Mr Brownlow ein. „Wir haben eine unangenehme Aufgabe zu erfüllen“, begann er. „Aber wir müssen das von Ihnen, Mr Leeford alias Monks, in London unterzeichnete Geständnis noch einmal aus Ihrem eigenen Mund hören.“ Er zog Oliver zu sich, legte ihm die Hand auf die Schulter und fuhr fort: „Dieses Kind hier ist Ihr Halbbruder, der uneheliche Sohn Ihres Vaters, meines lieben alten Freundes Edwin Leeford. Seine Mutter war die junge Agnes Fleming, die bei seiner Geburt starb.“

„Ja“, sagte Monks, den zitternden Oliver, dem das Herz vor Aufregung bis zum Halse schlug, finster musternd.

„Oliver wurde hier in dieser Stadt geboren.“

„Im Armenhaus der Stadt", stieß Monks wütend hervor. Er wies dabei auf die Papiere.

„Berichten Sie also selbst", befahl Mr Brownlow.

„Gut, hören Sie", ergriff Monks das Wort. „Als mein und sein Vater in Rom krank wurde, reiste seine von ihm bereits getrennt lebende Frau, meine Mutter, zu ihm und nahm mich mit. Wahrscheinlich ging es ihr nur um das Geld, das er hinterließ, denn Zuneigung empfand sie nicht mehr für ihn. Er nahm unseren Besuch nicht mehr wahr, denn er war bereits bewusstlos und erlangte bis zu seinem Tod am folgenden Tag seine Besinnung nicht wieder. Auf seinem Schreibtisch befanden sich ein Brief an Agnes Fleming, die Mutter dieses Jungen, und ein Testament."

„Was wissen Sie über den Brief?", fragte Mr Brownlow.

„Von dem Brief? Es ging daraus hervor, dass sie schwanger war und in wenigen Monaten entbinden würde. Er bat sie um Verzeihung, dass er sie in diese Situation gebracht hatte, und flehte sie an, ihm zu vergeben. Er bat sie weiter, auch nach seinem Tod einen bestimmten Ring und ein Medaillon zu behalten und am Herzen zu tragen."

„Und was wissen Sie von dem Testament?", fragte Mr Brownlow weiter, während Oliver die Tränen über die Wangen liefen.

Monks schwieg.

„Das Testament", fuhr Mr Brownlow an Monks' Stelle fort, „hinterließ Ihnen und Ihrer Mutter ein Jahreseinkommen von je achthundert Pfund. Sein Hauptvermögen teilte Leeford in zwei gleiche Teile: die eine Hälfte für Agnes Fleming, die andere für das noch ungeborene Kind. Allerdings sollte es dieses Geld nur dann bekommen, wenn es bis zu seiner Volljährigkeit keine ehrlose oder gar kriminelle Handlung begehen würde. Andernfalls sollten Sie das gesamte Geld erben."

„Meine Mutter", unterbrach Monks scharf, „hat getan, was jede Mutter getan hätte: Sie hat das Testament verbrannt. Auch der Brief hat seinen Bestimmungsort nie erreicht. Sie hat ihn aber aufgehoben, um damit, falls nötig, die Schande der Agnes Fleming beweisen zu können. Dann sorgte sie dafür, dass Agnes' Vater von der Schwangerschaft seiner Tochter erfuhr. Diese war inzwischen schon von zu Hause geflohen. Ihr Vater spürte ihr vergeblich nach und zog sich schließlich in irgendeinen abgelegenen Winkel von Wales zurück, wo er wenig später starb. Der Kummer und die Aufregung waren zu viel für sein Herz gewesen."

Eine Weile herrschte tiefes Schweigen. Dann ergriff Mr Brownlow wieder das Wort: „Viele Jahre später stahl dieser Mann hier seiner Mutter, was sie an Geld und Juwelen besaß, und floh damit nach London, wo er mit dem ärgsten Auswurf der Menschheit verkehrte. Allerdings kehrte er zu seiner Mutter zurück, als diese von einer schmerzhaften und unheilbaren Krankheit befallen wurde."

„Auf dem Totenbett vertraute sie mir das Geheimnis des Testaments an", fuhr Monks fort. „Sie wollte und konnte nicht glauben, dass Agnes Fleming sich und ihrem Kind das Leben genommen hatte. Aus irgendeinem Grund war sie sich sicher, dass Agnes einen Jungen zur Welt gebracht hatte. Ich musste ihr schwören, dass ich diesen Jungen, wenn ich ihm jemals begegnen sollte, mit meinem unauslöschlichen Hass verfolgen würde. Ich versprach meiner sterbenden Mutter, diesen Sohn ihres verhassten früheren Mannes zu Tode zu hetzen und ihm weder Ruhe noch Rast zu gönnen. Vor allem sollte ich dafür sorgen, dass er bereits als Jugendlicher zum Verbrecher würde, um so das Erbe meines Vaters zu erhalten. Und wenn mir nicht ständig irgendwelche Gutmenschen in die Quere gekommen wären, wäre mir das auch gelungen!" Wütend schlug sich Monks mit der Faust vor die Stirn und verwünschte sich selbst.

Mr Brownlow wandte sich zu der schreckensbleichen Gruppe, die ihn umgab, und erklärte, dass Fagin Monks' Helfershelfer gewesen sei. Monks habe ihm eine große Belohnung in Aussicht gestellt, wenn es ihm gelänge, Oliver zu verderben.

„Und was haben Sie über das Medaillon und den Ring zu sagen?", wandte er sich wieder an Monks.

„Ich habe beides dem Ehepaar abgekauft, von dem ich Ihnen erzählte", erwiderte Monks mürrisch. „Sie wissen ja, was daraus geworden ist."

Mr Brownlow winkte Mr Grimwig, der sich daraufhin eilig entfernte und bald darauf mit Mrs Bumble wieder erschien, die ihren Gatten hinter sich herzog.

„Was sehe ich! Das ist ja der liebe kleine Oliver!", rief Mr Bumble Begeisterung heuchelnd aus. „Ach, mein lieber guter Oliver, wenn du wüsstest, wie sehr ich dich vermisst habe."

„Halt den Mund, Schafskopf", flüsterte ihm Mrs Bumble zu.

„Ich kann doch meine Gefühle nicht bekämpfen, meine Liebe", entgegnete der Armenhausaufseher. „Ich hab den Jungen doch immer so lieb gehabt …"

„Halten Sie den Mund!", rief nun auch Mr Grimwig grob. „Verschonen Sie uns mit Ihren Gefühlen."

Mr Brownlow beachtete das alles nicht, sondern deutete auf Monks und fragte: „Kennen Sie diesen Mann, Mrs Bumble?“

„Nein“, antwortete die Gefragte keck.

„Und kennen Sie ihn, Mr Bumble?“

„Nein, diesen Mann habe ich in meinem ganzen Leben noch nicht gesehen.“

„Ihm auch nichts verkauft?“

„Nein“, sagte Mrs Bumble.

„Hatten Sie nicht einmal ein goldenes Medaillon und einen Ring?“

„Ich? Nein“, antwortete die Gnädige. „Haben Sie uns vielleicht deswegen hergeholt, damit wir auf so dummes Zeug antworten sollen?“

Abermals nickte Mr Brownlow seinem Freund Grimwig zu und wieder ging dieser hinaus. Wenig später kehrte er mit zwei verschrumpelten, vom Alter gekrümmten Frauen zurück, die am ganzen Leibe zitterten.

„Sie hat damals die Tür verschlossen, als die alte Sally gestorben ist“, fing die eine gleich an. „Aber die Ritzen hat sie nicht verstopfen können.“

Die zweite Greisin nickte bestätigend.

„Und Sie haben gesehen“, wandte sich Mr Brownlow an die Greisinnen, „dass diese Frau hier der Sterbenden einen Pfandschein wegnahm?“

Beide bejahten.

„Wollen Sie vielleicht auch noch den Pfandleiher sehen?“, fragte Mr Grimwig spöttisch und wandte sich wieder zur Tür.

„Nein“, lehnte Mrs Bumble ab. Sie blickte abschätzig zu Monks hinüber. „Wenn der da schon alles ausgeplaudert hat, dann hat das Leugnen wohl keinen Zweck mehr. Also meinetwegen: Die beiden Sachen hab ich verkauft, aber finden werden Sie sie nicht mehr. Wünschen Sie sonst noch etwas?"

„Nein", versetzte Mr Brownlow. „Allerdings werden wir dafür sorgen, dass keiner von Ihnen jemals wieder eine Amtsstelle bekleiden wird."

„Sie wollen mich doch einer solchen Kleinigkeit wegen nicht unglücklich machen?", jammerte Mr Bumble.

„Seien Sie froh, dass Sie so glimpflich davonkommen", erwiderte Mr Brownlow.

Als das Ehepaar Bumble den Raum verlassen hatte, wandte sich Mr Brownlow an Miss Rose. „So, meine Liebe, jetzt kommen wir zu Ihnen. Monks, kennen Sie diese junge Dame?"

Monks bejahte.

„Ich habe Sie doch noch nie gesehen!", rief Rose erstaunt und wurde blass vor Schreck.

„Ich Sie aber sehr oft", erwiderte Monks.

„Der Vater der unglücklichen Agnes Fleming hatte nämlich zwei Töchter", fiel Mr Brownlow ein. „Was war das Schicksal der jüngsten?"

„Der Vater hatte sich, wie ich bereits gesagt habe, in einem abgelegenen Ort niedergelassen und einen falschen Namen angenommen. Er hatte der Schande seiner älteren Tochter wegen dafür gesorgt, dass keiner von seinen Verwandten oder Freunden ihn finden konnte. Darum fand sich in seinem Nachlass auch nicht das geringste Schriftstück, das auf seine Identität oder die seiner jüngeren Tochter hindeutete. Die Kleine – sie war noch ein Kind – wurde von armen Leuten in Pflege genommen."

„Erzählen Sie weiter", forderte Mr Brownlow Monks auf und gab Mrs Maylie ein Zeichen näherzutreten.

„Meine Mutter, die nicht nur das uneheliche Kind ihres früheren Gatten, sondern auch die ganze Familie seiner Geliebten mit glühendem Hass verfolgte, fand das Mädchen schließlich. Die Leute, die es zu sich genommen hatten, waren arm und fingen bereits an, ihren Edelmut zu bereuen. Meine Mutter ließ ihnen das Mädchen, denn die Armut und Unzufriedenheit der Leute nährten ihre Vermutung, dass das Kind schon unglücklich genug werden würde. Aber um der Kleinen das Leben noch schwerer zu machen, erzählte sie den beiden Bauersleuten mit allerlei Ausschmückungen und Übertreibungen von der Schande der Schwester und riet ihnen, nur ja recht misstrauisch gegenüber dem Kind zu sein. Sie sagte ihnen, dass das Mädchen aus einer schlechten Familie stamme und sicher bald genauso gewissenlos und verdorben sein würde wie die übrige Familie. Die Leute schenkten ihr Glauben, und das Kind führte demgemäß ein Leben, wie es meine Mutter in ihrer Rachsucht nur wünschen konnte. Eines Tages jedoch sah eine Witwe, die damals in Chester wohnte, das Mädchen, empfand Mitleid mit ihm und nahm es zu sich. Es war, als ob der Teufel seine Hände im Spiel gehabt hätte: All unseren Bemühungen zum Trotz blieb das Kind bei der Witwe und wurde glücklich. Ich habe es später aus den Augen verloren und erst vor wenigen Monaten als Erwachsene wiedergesehen."

„Und wo ist die Betreffende?"

„Hier. Es ist diese junge Dame."

Rose fiel beinahe in Ohnmacht. Mrs Maylie umarmte sie und rief aus: „Du bist und bleibst doch meine liebe, liebe Nichte, mein heißgeliebtes Kind! Nicht um alle Schätze der Welt würde ich dich hergeben."

Mrs Maylie küsste die schluchzende Rose und deutete auf Oliver. „Hör auf zu weinen und sieh lieber hierher, Rose. Der arme Junge will dich umarmen."

„Meine liebe, liebe Rose", jubelte Oliver und schlang seine Arme um sie. „Schon als ich dich das erste Mal sah, hat mich etwas so sehr zu dir hingezogen. Und nun bist du die Schwester meiner Mutter."

In diesem Augenblick klopfte es leise und Harry Maylie trat ein. „Ich weiß schon alles", sagte er und setzte sich neben das errötende Mädchen. „Liebe Rose, ich weiß schon seit einigen Tagen alles."

„Still", sagte Rose. „Weißt du wirklich alles?"

„Ja, alles. Und ich komme, dich heute an das Versprechen zu erinnern, das du mir gegeben hast. Nicht um deinen Entschluss zum Wanken zu bringen, sondern um diesen noch einmal aus deinem Munde zu hören. Ich wollte dir alles zu Füßen legen, was ich mir an Stellung erringen konnte, und ich habe mir gelobt, es hinzunehmen, wenn du auf deinem Entschluss beharren würdest. Darum frage ich dich: Willst du auch heute nichts mehr von mir wissen, Rose?"

„Harry, Harry!", rief das junge Mädchen und brach in Tränen aus. „Könnte ich mir doch alle diese Qual ersparen."

„Warum machst du dir denn Qualen?", fragte Harry und ergriff ihre Hand. „Erinnere dich doch, was du heute Abend gehört hast, Rose."

„Und was habe ich gehört?", unterbrach ihn Rose. „Dass mein Vater sich wegen der Schmach, die seinen Namen getroffen hat, vor der Welt verkroch und aus Kummer starb. Sonst hat sich doch nichts verändert, Harry."

„Doch", sagte der junge Mann und hielt sie zurück, als sie aufstehen wollte. „Alles, meine Hoffnungen, meine Wünsche, alles in meinem Leben hat sich geändert, bloß meine Liebe zu dir nicht. Ich kann dir keine hohe Stellung mehr bieten. Was ich dir bieten kann, Rose, ist nur ein Heim. Mein Herz und eine Heimat."

„Was soll das heißen?", fragte Rose mit unsicherer Stimme.

„Nicht viel, Rose. Es soll nicht viel mehr bedeuten, als dass ich dich damals verließ mit dem festen Vorsatz, alle Hindernisse zu beseitigen, die deiner Ansicht nach zwischen dir und mir vorhanden sein könnten. Ich wollte deine Welt zu meiner Welt machen, wenn schon die meinige nicht die deinige sein konnte. Ich wollte nicht länger dulden, dass Standesdünkel die Nase über dich rümpften. Ich habe mich darüber hinweggesetzt, Rose. Mögen die hohen Persönlichkeiten und die einflussreichen Verwandten, die einst freundlich lächelten, wenn sie mich sahen, mich auch nicht mehr kennen. Was soll's? Warum soll ich fürs Parlament kandidieren, wenn ich als einfacher Landpfarrer mit dir an meiner Seite glücklich sein kann? Liebe Rose, ich habe eine Stelle als Seelsorger in einem kleinen Dorf angenommen und das kleine Pfarrhaus, das ich dort bewohne, erfüllt mich mit größerem Stolz, als wenn ich die einflussreichste Stellung erlangt hätte."

39. Kapitel

Fagins letzte Nacht auf Erden

Dicht gedrängt stand die Menge im Gerichtssaal. Kein Auge, das nicht auf Fagin gerichtet gewesen wäre. Der Alte stützte sich auf das Geländer. Die andere Hand hielt er ans Ohr und streckte den Kopf weit vor, damit ihm kein Wort des Richters entging. Bisweilen blickte er scharf zu den Geschworenen hinüber, dann wieder angstvoll zu seinem Verteidiger. Die Gesichter der Geschworenen waren wie aus Stein gemeißelt. Vollkommene Stille herrschte im Saal, kein Knistern, kein Rascheln, kein Hauch. Dann wurde das Urteil gefällt: schuldig.

Man brachte ihn ins Gefängnis zurück und steckte ihn in eine der Zellen, die für die zum Tode Verurteilten bestimmt waren.

Fagin hockte sich auf die Steinbank gegenüber der Tür und stierte mit seinen blutunterlaufenen Augen auf den Boden vor sich. Vergebens suchte er seine Gedanken zu sammeln. Einige Satzfetzen aus der Rede des Richters gingen ihm durch den Kopf. Erst jetzt wurde ihm wirklich klar, dass er zum Tode verurteilt war – zum Tode durch den Strang.

Es wurde finsterer und finsterer. Er musste an seine vielen Bekannten und früheren Komplizen denken, die auf dem Schafott gestorben waren, manche von ihnen durch seine Schuld. Sie erhoben sich vor ihm und zogen so rasch an ihm vorüber, dass er sie kaum zu zählen vermochte. So manche von ihnen hatte er sterben sehen, hatte einige sogar verhöhnt und Witze über sie gemacht, weil sie mit Gebeten auf den Lippen gestorben waren. Er erinnerte sich an das scharrende Geräusch, wenn das Brett unter ihren Füßen weggezogen worden war, und wie sie dann plötzlich so anders ausgesehen hatten. Vorher so starke, kräftige Männer – im Handumdrehen waren sie zu baumelnden Vogelscheuchen geworden.

So mancher von ihnen hatte vielleicht in dieser Zelle gesessen, auf demselben Fleck. Es wurde vollkommen dunkel. Warum brachte man kein Licht? Es war ihm, als säße

er in einer mit Leichen gefüllten Gruft. Es war ihm, als sähe er die Schlinge des Galgens vor sich baumeln, und er schrie: „Licht, Licht, Licht!"

Dann kam die Nacht. Jeder Schlag von der Turmuhr, der denen draußen vom Leben erzählte und den kommenden Tag verkündete, brachte ihm mehr Verzweiflung. Und der Tag kam und verstrich. Und wieder folgte eine Nacht unendlich langen, grässlichen Schweigens. Und doch: Wie schnell, wie fürchterlich schnell die Zeit dahinraste.

Samstagnacht. Nur eine einzige Nacht noch.

Fagin hatte sich auf seinem steinernen Sitz niedergekauert und seine Gedanken schweiften in die Vergangenheit zurück. Er sah den Tag seiner Verhaftung wieder vor sich: Steine, geworfen von der wütenden Menge, verwundeten ihn; man verband ihm den Kopf notdürftig mit einem leinenen Tuch; das Haar hing ihm über das blutleere Gesicht, sein Bart war zerzaust.

Wieder hörte er die Uhr schlagen.

Schwarz bemalte Schranken waren bereits quer über die Straße gezogen, um den Andrang der wartenden Menge abzufangen. Da erschienen Mr Brownlow und Oliver am Gefängnistor und wiesen einen amtlich beglaubigten Einlassschein vor, der sie zu einem Besuch des Gefangenen ermächtigte.

„Soll der junge Herr da mitkommen?", fragte der Wärter. „Es ist kein guter Anblick für Kinder, Sir!"

„Freilich nicht", entgegnete Mr Brownlow. „Aber was ich mit dem Gefangenen zu besprechen habe, geht auch diesen Jungen hier an. Es ist nötig, dass er ihn jetzt sieht."

Der Mann führte sie durch dunkle Winkel und Gänge. Von draußen hörte man Männerstimmen und dazwischen Hammerschläge und das Krachen von Holz: Man errichtete das Schafott.

Dann öffnete der Gefängniswärter mehrere schwere Tore, und nachdem sie einen Hof durchschritten hatten, stiegen sie eine lange Steintreppe empor zu einem Gang, der mit schweren Eisentüren flankiert war. Der Wärter klopfte mit dem Schlüsselbund an eine dieser Türen. Zwei Wachen öffneten.

Fagin saß auf seiner Lagerstatt und rückte nervös hin und her. Er glich mehr einem Tier, das sich in einer Falle verfangen hatte, als einem Menschen.

„Fagin!", rief der Wärter. „Hier ist jemand, der mit Ihnen sprechen will."

„Sie haben einige Papiere", sagte Mr Brownlow und trat näher, „die Ihnen ein gewisser Monks gegeben hat."

„Lüge, alles Lüge!", rief Fagin. „Nicht ein einziges Papier hab ich, nicht eines. Und wer ist überhaupt dieser Monks?"

„Um Gottes Barmherzigkeit willen", sprach Mr Brownlow feierlich. „Sagen Sie doch wenigstens jetzt die Wahrheit! Sie wissen, Sikes ist tot und Monks hat gestanden. Das Leugnen hilft Ihnen nichts mehr. Wo sind die Papiere?"

„Oliver", flüsterte Fagin, „komm her! Ich will es dir ins Ohr sagen."

Oliver gehorchte. Fagin brachte seinen Mund ganz nah an sein Ohr und wisperte: „Die Papiere sind in einem Loch ganz oben im Schornstein über dem Kamin der vorderen Stube."

Dann schien sich sein Geist wieder zu verwirren. „Bring mich hier raus, Oliver!“, flehte er. „Sag einfach, ich bin eingeschlafen. Dir werden sie’s bestimmt glauben. Du kannst mich retten, wenn du mich mitnimmst.“

„Gott, vergib dem Ärmsten!“, rief Oliver und brach in Tränen aus.

„Recht so“, lobte Fagin. „Siehst du, wir gehen zuerst durch die Tür. Und wenn ich auch zittere, wenn wir am Galgen vorbeikommen, lass dich nicht stören, sondern führ mich nur immer weiter.“

„Haben Sie sonst noch etwas zu fragen, Sir?“, fragte der Wärter.

„Nein, sonst nichts mehr“, antwortete Mr Brownlow. „Wenn es noch Hoffnung gäbe, ihn wieder zu Verstand zu bringen …“

„Das ist unmöglich“, antwortete der Mann. „Am besten, wir lassen ihn jetzt allein.“

Oliver machte sich los und Fagin kämpfte einen Augenblick lang verzweifelt mit den beiden Männern, die jetzt hereinkamen und ihn packten. Dabei stieß er einen gellenden Angstschrei nach dem anderen aus. Sein Gebrüll hallte Oliver und Mr Brownlow noch in den Ohren, als sie bereits den offenen Hof erreicht hatten.

Eine große Menschenmenge hatte sich bereits versammelt. In den Fenstern der gegenüberliegenden Häuser lehnten Leute und rauchten, würfelten oder spielten Karten, um sich die Zeit zu vertreiben. Alles wogte hin und her, zankte, scherzte, lärmte. Überall herrschte Leben und Fröhlichkeit. Nur in der Mitte des Hofes stand etwas Dunkles: ein Gerüst mit einem Strick – die ganze schreckliche Apparatur des Todes.

40. Kapitel

… das letzte

Keine drei Monate später wurden Rose Fleming und Harry Maylie in einer Dorfkirche getraut. Es war dieselbe Dorfkirche, in der er von nun an als Pfarrer tätig sein sollte. Mrs Maylie zog zu ihnen, um ihren Lebensabend bei ihnen zu genießen. Die Teilung des Vermögens zwischen Monks und Oliver ergab für jeden nur noch etwa dreitausend Pfund. Den Rest hatte Monks bereits durchgebracht. Zwar hätte Oliver Anspruch auf das ganze Vermögen erheben können, aber Mr Brownlow wollte den älteren Bruder nicht der Möglichkeit berauben, seine früheren Verfehlungen wieder gutzumachen und ein ehrenhaftes Leben zu beginnen.

Monks zog sich mit seinem Anteil nach Amerika zurück. Aber er vergeudete dort sein Geld in kurzer Zeit, verfiel bald wieder in seinen alten Lebenswandel und starb schließlich im Gefängnis.

Mr Brownlow adoptierte Oliver. Nicht weit von dem Pfarrhaus, in dem seine lieben Freunde wohnten, bezog er mit ihm und der alten Haushälterin, Mrs Bedwin, ein kleines Häuschen und erfüllte damit einen Herzenswunsch Olivers.

Dr. Losberne kehrte wieder nach Chertsey zurück, hielt es aber dort nicht mehr lange aus. Er übertrug seine Praxis seinem Assistenten und zog aufs Land in die Nähe seiner Freunde, wo er sich der Gärtnerei widmete, angelte, tischlerte und bald so glücklich und zufrieden war wie nur selten zuvor. Zwischen ihm und Mr Grimwig entstand ein inniger Freundschaftsbund und demzufolge besucht Mr Grimwig ihn nun sehr oft. Dann pflanzt, angelt und tischlert auch er mit großer Begeisterung. Sein Liebstes aber ist es, jeden Sonntag die Predigt des jungen Pfarrers zu kritisieren, obwohl er insgeheim zu jedem Wort beifällig nickt.

Mr und Mrs Bumble, die ihre Ämter verloren hatten, gerieten nach und nach in Not und wurden schließlich Armenhäusler in genau jener Gemeinde, wo sie dereinst über andere das Zepter geschwungen hatten. Mr Bumble soll sogar einmal gesagt haben, es sei doch ein Segen, dass man im Armenhaus getrennt von seiner Gattin leben müsse.

Charley Bates hatten die Verbrechen und das Ende von Sikes tief erschüttert. Lange dachte er darüber nach, ob es nicht am Ende doch besser sei, ein ehrenhaftes Leben zu führen. Bald kehrte er seinem früheren Dasein den Rücken. Eine Zeitlang hatte er es nicht leicht. Aber er arbeitete fleißig. Der Erfolg blieb nicht lange aus. Er war zuerst Tagelöhner bei einem Bauern, dann Knecht bei einem Fuhrmann. Inzwischen ist er einer der fröhlichsten Viehzüchter in ganz Northamptonshire.

Wie gerne möchte ich noch länger bei einigen der mir so lieb gewordenen Personen verweilen. Doch ich will sie nun ihrem glücklichen Leben überlassen. Nur eins ist noch zu erzählen: An der Wand neben dem Altar der alten Dorfkirche wurde eine weiße Marmortafel angebracht, auf der bisher nur ein einziges Wort geschrieben steht – Agnes. Unter diesem Grabstein ruht kein Sarg. Möge es noch viele, viele Jahre dauern, bevor noch ein anderer Name darauf geschrieben wird. Wenn aber die Toten je zurückkehren zur Erde, um die Orte zu besuchen, an denen man ihrer mit Liebe gedenkt – mit einer Liebe, die das Grab überdauert –, dann glaube ich, dass Agnes' Geist häufig diesen Ort umschwebt.

Leseprobe aus:

Daniel Defoe

Robinson Crusoe

Schulausgabe erschienen im
Hase und Igel Verlag, München
ISBN 978-3-86760-035-4
Begleitmaterial für Lehrkräfte
ISBN 978-3-86760-335-5

Ich hätte nun halbwegs geruhsam bis ans Ende meines Lebens auf der Insel bleiben können. Doch eines Tages geschah etwas Unglaubliches! Zu meinem unsäglichen Erschrecken stieß ich am Strand auf der Westseite der Insel, die am weitesten von meiner Behausung entfernt war, auf die Spur eines nackten menschlichen Fußes.

Ganz deutlich war dieser Abdruck im Sand zu erkennen. Ich stand da wie vom Donner gerührt, so, als hätte ich einen Geist gesehen. Wachsam blickte ich um mich und lauschte angestrengt, doch es war nichts zu sehen oder zu hören. Um einen besseren Überblick zu haben, stieg ich eine Anhöhe hinauf. Aber ich konnte kein weiteres Zeichen der Anwesenheit eines anderen Menschen entdecken.

Also kehrte ich wieder zu der alten Fundstelle zurück, um nachzusehen, ob in der Nähe weitere Spuren auffindbar waren, aber auch, um sicherzugehen, dass ich mir die Spur eines Fußes nicht bloß eingebildet hatte. Doch dies war keineswegs der Fall, denn vor mir war tatsächlich der Abdruck eines Fußes eindeutig zu erkennen! Wie er dort hingekommen war, erschien mir unfassbar. In unbeschreiblicher Aufregung, ganz außer mir und verstört, lief ich zu meinem Haus zurück. Ich glaubte, den Boden unter meinen Füßen wanken zu fühlen. In meinem tiefen Entsetzen blickte ich mich alle Augenblicke um und hielt jeden Busch, jeden Baum, jeden Stumpf aus der Entfernung für einen Menschen. Meine Einbildungskraft verlieh den Gegenständen die verschiedensten Gestalten und die unsinnigsten Vermutungen stürmten auf mich ein.

Als ich meine „Burg" – denn so nannte ich meine Wohnung von nun an – erreicht hatte, flüchtete ich mich wie ein Verfolgter hinein. Nie war ein vom Jäger gehetzter Hase schneller in seinem Versteck, nie ein Fuchs schneller in seinem Bau gewesen als ich in meinen Zufluchtsort.

In jener Nacht fand ich keinen Schlaf. Je weiter ich von dem Gegenstand meines Schreckens entfernt war, desto größer wurde meine Angst. Mit der Entfernung wuchsen meine trüben Vorstellungen ins Ungeheure. Wie sollte ein menschliches Wesen hierher gelangt sein? Wo war das Schiff, auf dem es gekommen war? Warum waren keine anderen Fußspuren zu sehen? Ich kam zu der Vermutung, dass die Fußspur nur von den Wilden des gegenüberliegenden Festlandes stammen konnte. Gewiss waren sie in ihren Kanus ausgefahren und durch Strömungen oder widrige Winde abgetrieben worden.

Während mir diese Gedanken durch den Kopf gingen, dankte ich Gott, dass ich mich zur Zeit ihrer Landung nicht in der Nähe befunden hatte und dass die Wilden offensichtlich auch kein Anzeichen meiner Anwesenheit auf der Insel entdeckt hatten. „Denn", versuchte ich mich zu beruhigen, „hätten sie die Insel für bewohnt gehalten, wären sie sicherlich auf die Suche nach mir gegangen."

Aber schon im nächsten Augenblick überfiel mich eine quälende Angst: „Hatten sie etwas von meiner Anwesenheit bemerkt?“ Vielleicht kamen sie wieder, um mich zu fangen und aufzufressen. Ich musste mich verstecken! „Was wird passieren, wenn sie mich finden?“, grübelte ich. „Und wenn sie mich nicht finden? Werden sie dann aus Rache meine Felder verwüsten und meine Ziegenherde stehlen?“

So sehr hatte ich mich all die Jahre nach der Anwesenheit anderer Menschen gesehnt! Doch jetzt zitterte ich bei dem bloßen Gedanken daran. Am liebsten hätte ich mich in einem Erdloch verkrochen. Mitten in meinen Ängsten und Befürchtungen schoss mir plötzlich der Gedanke in den Sinn, dass die Spur möglicherweise von meinem eigenen Fuß herrührte. Schließlich war ich schon früher an dieser Stelle vorbeigekommen. Ich konnte doch unmöglich genau wissen, wohin mein Fuß getreten war. Am Ende hatte ich mich wie einer jener Narren verhalten, die Gespenstergeschichten erfinden und sich dann selbst am meisten davor fürchten …